中国古代家风范例

陈延斌 杨 威 编

中国方正出版社

目录

绪论：家国情怀是优秀传统家风的源头活水

有人说，家国情怀是“先天下之忧而忧，后天下之乐而乐”的凌云之志；有人说，家国情怀是“苟利国家生死以，岂因祸福避趋之”的豪情担当；有人说，家国情怀是“王师北定中原日，家祭无忘告乃翁”的执着信念；也有人说，家国情怀是“粉身碎骨浑不怕，要留清白在人间”的高洁情操……

纵观古今，不论是社会安定祥和时“内圣外王”的内心修炼，还是国难当头时志士仁人的抛头颅、洒热血；不论是传统社会所追求的“天下为公”的社会大同，还是当代中国为实现中华民族伟大复兴中国梦的奋勇前行，都离不开一脉相承的文化源泉——家国情怀。

家国情怀，源于传统社会“伦理本位”的家国模式，表征为“家国天下”的道德格局，实现于“修齐治平”的逻辑路径。家国情怀，于个人而言，是个体价值与国家利益的高度统一；于家族（家庭）而言，是孕育优秀家风的源头活水；于国家而言，是实现国家繁荣昌盛的精神支柱。

“伦理本位”的家国模式

“伦理本位”的家国模式贯穿中国传统社会的始终，今天看来其影响亦不可小觑。“伦理本位”是中国传统宗法制度的延伸，即在以血缘为纽带的家族关系的范围内，形成特色鲜明的传统中国社会的伦理关系。在此基础上，人们依照家族组织形式组织社会、依照家族治理模式治理国家，从而形成了以“伦理本位”为突出表征的“家国同构”的国家治理模式。诸如冯友兰先生所言：“有以家为本位底生产方法，即有以家为本位底生产制度。有以家为本位底生产制度，即有以家为本位底社会制度，在以家为本位底社会制度中，所有一切社会组织，均以家为中心。所有一切人与人底关系，都须套在家底关系中。”①这种套在家的关系中的伦理关系将“家”与“国”紧密地联系在一起，将个人对于家族的情感逐步升华成为个人对国家的情怀，故而，在很大程度上，“伦理本位”的家国治理模式为“家国情怀”奠定了重要的基础。

首先，农耕文明。中华大地所具有的地大物博、土壤肥沃、水源充足等一系列优越的地理环境，为传统中国自给自足的农耕文明提供了重要的自然基础，“男耕女织”的社会分工亦随之应运而生。故而，以“家”为核心的小农经济运行模式成为中国传统社会最基本的经济形态。中

① 冯友兰：《新事论》，见《冯友兰全集》第三卷，河南人民出版社1990年版，第253页。

国传统社会中的“家”是以血缘为伦理基础的表现形式，强调成员与成员间的基本等级关系。它在规定成员权利与义务的同时，也极大程度地规范了其行为模式，这为中国绵延千年的经济模式提供了重要基础。

那么，中国传统社会的经济模式与中国特有的“家国情怀”有怎样的关系呢？马克思主义认为，经济基础决定上层建筑，“家国情怀”作为一种上层建筑自然离不开中国特色的这种经济模式。正如梁漱溟先生所论述的那样：这种经济的突出特征即是“共财”与“通财”。所谓“共财”，即强调“家族”或“家庭”作为一个社会细胞，其内部财产不可分割，共同所有，这在一定程度上加强了家族成员的集体归属感，其内涵的延伸与拓展，催生了社会成员的国家认同感；而所谓“通财”，则强调“大家族”或“大家庭”重新分裂成若干“小家族”或“小家庭”后，各个具有血缘关系的“小家族”或“小家庭”之间财物互通，以富带穷，这在一定程度上强化了家族成员血缘至上的本位理念，随其内涵的拓展、延伸，逐步形成了具有“民胞物与”之量的天下情怀。

其次，伦理政治。一种文化的衍生与发展离不开特定的社会政治结构，中华文化亦然，故而我们应当阐述“家国同构”的伦理政治与家国情怀所具有的内在的、本质的、必然的联系。家国情怀依赖于“家国同构”的伦理政治，抑或言之，家国情怀是“家国同构”的伦理政治的衍生品。这主要表现在：其一，“宗”与“法”的结合是“家国同构”的伦理政治的一个突出特征，“宗法制度是氏族社会的血缘关系在新的历史条件下演化而形成的”①。这一制度的确立，推动了“家族制度”的政治化，将“家”与“国”统一在了一起，这也要求爱家者爱国，爱国者亦爱家，从而催生了社会成员既爱家也爱国、爱天下。其二，它强调了中华民族的“整体性”与“统一性”，在这一政治特征的指引下，造就了国家利益至上的国家认同感，也在很大程

① 张岱年、方克立：《中国文化概论》，北京师范大学出版社1994年版，第56页。

度上激发了中华民族的心理认同感，为满足统治阶级对于天下一统的统治需要，“家国天下”的伦理情怀得以产生和巩固。

最后，伦理文化。关于中华文化的形成与发展，学界早已有明确的定论。我们尊孔子为圣人，也将其所创立的以“礼”为核心内涵的儒学文化作为中华传统文化的代表。但不可否认，我们所探讨的中华传统文化，不仅仅局限于儒学本身，而是中华大地上多元文化不断凝练、融合而形成的。不论是“寡欲弃智”的道统文化，还是“兼爱、节用”的侠者之风，抑或是“法、术、势”相结合的革命之流，甚或是“涅槃永生”的中国佛学，其核心目的均在于解决人伦之事。相较于百家之言，儒学对于人伦日用的表述简洁、直白，并一语道破人与人之间以“礼”为核心的伦理关系，这也使得该学派受到了统治者与被统治者的关注与青睐，所以汉王朝的“罢黜百家，独尊儒术”并非偶然，而是具有时代合理性的。提及儒学文化，人们首先想到的便是“礼”，实质上儒学文化中的“礼”是对于中国特殊伦理关系的根本阐释，明确了人与人之间亲疏关系的同时也规范了人本身的责任和义务。

那么，这种以儒学为核心的伦理文化与家国情怀间的关系是怎样的呢？

其一，家国情怀孕育于儒学文化之中，是儒学文化中对于道德的最高要求。诸多学者认为儒学文化中道德修炼的最高目标是“内圣外王”，我们认为它在格局与境界方面远不及家国情怀。家国情怀是对于“修身、齐家、治国、平天下”(《礼记·大学》)的集中表达，是“文明时空、政治想象、世界图景、道德理想”① 的有机统一。故而，家国情怀是儒学文化的基本精神。

其二，儒学文化在不同时期具有不同的表现形式，但对于家国情怀的推崇却始终如一。绵延千年的儒学文化经历了多重变革，汉代的儒学凝合了阴阳家、法家、黄老之学；宋代的儒学是儒释道的三教合一；明清的儒学是形而上学与经世

---

① 许章润：《论“家国天下”——对于这一伟大古典汉语修辞义理内涵的文化政治学阐发》，载《学术月刊》2015 年第 10 期。

致用的统一，但作为知识分子的儒者却始终坚守着家国情怀。

其三，理想的传承则依靠传统的具有中国特色的媒介——家训文化。在家训文化中，家国情怀既表现在对个人道德的至高要求，也表现在对国家的绝对忠诚。家训文化是中国传统文化中重要的组成部分，其本质是伦理教化，以指导家族成员能够更好地生存、生活，所以家训在一定意义上可以说是反映了统治阶级的需要，同时也为家族成员提供了价值标准与行为准则。家国情怀则以不同的表现形式“飞入寻常百姓家”，不论是家训文化中的修身之道与处世之法，还是家法族规中的行为尺度与道德规范，无一不体现着家国情怀。故而，在中国人的心中，家国情怀具有特殊的、一脉相承的文化价值内涵。

此外，还有宗教意识。关于“中国人的信仰”，古今中外对于这一命题的探讨层出不穷，却始终未能给出统一的答案。这主要是因为，延续古今的中华文化中不具有公共认同的神，也没有行为规范的系统教义，更没有传统意义上的宗教仪式，但这并不意味着中华文化中缺失了宗教意蕴。区别于宗教治国的西方国家的教会，中国传统社会的“家”具有最为强大的宗教功能，它通过家训家风文化培育家族成员的价值信仰、规范家族成员的行为准则，这种大有宗教意蕴的“家文化”将家国情怀贯穿始终，并深入社会成员的骨髓之中，时至今日，以爱国主义为核心的中华民族精神仍然是一个典型的代表。

“家国天下”的道德格局

在中国传统社会中，无论是经济、政治、文化，还是宗教，都严格限制在“礼”的范围之内，不可僭越“伦理”。正因为如此，“伦理本位”的家国模式也逐步形成和稳定下来。与此相适应，“家国天下”的道德格局也逐步产生，并成为家国情怀的生动体现。孟子有言：“人有恒言，皆曰天下国家。天下之本在国，国之本在家，家之本在身。”（《孟子·离娄章句上》）“家国天下”离不开国，舍不下家，更脱离不了人民。“家国天下”的道德格局是个人、社会和国家“三位一体”的统一；是关乎个人生命秩序、家族生存秩序、社会生活秩序以及国家运行秩序的深层设计；是由点到面、由内向外的同心圆似的蔓延和扩散，是多向和多项的动态互动过程，其整体是无数多个同心圆的发散聚焦组合；是文明时空的文化绵延，对于当今社会的精神价值提升仍具有重要意义。从狭义上讲，可以说，“家国天下”的道德格局就是家国情怀。这种道德格局在约束个人、社会和国家的同时，也成就了个体、家族和民族，孕育了优秀的中华文化和伟大的民族精神，进而成为优秀传统家风的源头活水。

首先，“家国天下”的道德格局是个人、社会和国家“三位一体”的统一。中国传统社会之所以能够形成坚韧的伦理关系和稳固的家族实体，依附于“家国天下”的道德格局，离不开对个人、社会、国家的规范和约束。于个体而言，其侧重于“内圣外王”的修行，从“明明德”到“亲民”至“至善”，“格物、致知、诚意、正心、修身、齐家、治国、平天下”，不仅体现了“家国天下”的原理和本质，也展现了对个体规范和约束的精神模式。于社会而言，其以“仁者爱人”为根基，强调人与人之间相互亲爱，进而发展成为以“孝悌”为核心的“亲亲”“尊尊”，再通过“忠恕”的环节推己及人，扩展至整个社会生活领域，充分体现了“家国天下”对人与人之间关系的规定和要求，以及对整个社会生态稳定、和谐的期待之情。于国家而言，其主要体现在个人和国家的关系上，强调精忠爱国、“亲亲仁民”、“民为邦本”，力图实现个体价值与国家利益的高度统一，充分展现了“家国天下”的价值取向和价值目标。可以说，个人、社会和国家构成了“家国天下”道德格局的三个基本要素，同时也是家国情怀的三个表征层面。家国情怀，在个人层面，倡导个体以修己慎独为价值准则，以克己奉公为价值取向，以“内圣外王”为价值目标；在社会层面，倡导以忠恕之德为价值准则，以先义后利为价值取向，以天下大同为价值目标；在国家层面，倡导以精忠爱国为价值准则，以“民为邦本”为价值取向，以国富民强为价值目标。于家国情怀而言，个人、社会和国家三者缺一不可，可以说是脉脉相通、休戚相关。

其次，“家国天下”的道德格局是关乎个人生命秩序、家族生存秩序、社会生活秩序以及国家运行秩序的深层设计。众所周知，一定秩序的存在是人类得以活动的必要前提，而秩序“意指在自然进程和社会进程中都存在着某种程度的一致性、连续性和确定性”①。由此可见，人类活动的延续需要某种程度的一致性、连续性和确定性的存在。于中国传统社会而言，除法律外，“礼”在建立和维护这种一致性、连续性和确定性的过程中成为秩序的又一象征，甚至可以说，中国传统社会的秩序就是“礼”的秩序。从“周礼”到“三纲五常”再到“天理”，“礼”的法则就是伦理道德的规则。也就是说，建立和维护中国传统社会的秩序离不开伦理道德的规

① ［美］博登·海默：《法理学：法律哲学与法律方法》，中国政法大学出版社 1999 年版，第 219 页。

则。因而，“家国天下”道德格局的形成，成为关乎中国传统社会秩序的重中之重。前已述及，正因为中国传统社会秩序包括个人生命秩序、家族生存秩序、社会生活秩序以及国家运行秩序，所以与此相适应，抽象地说，就需要维护某种程度的财产和心理的确定性、保持某种程度的行为的规则性、维系某种程度的关系的稳定性、保持某种程度的进程的连续性以及保持某种程度的目标的一致性。具体而言，“家国天下”的道德格局秉持“仁”的原理、凭借“礼”的法则来建立和维护秩序的稳定和有效，其中“五伦”道德关系最具代表性，涵盖了个人、家族、社会以及国家四个层面，“父子有亲，君臣有义，夫妇有别，长幼有序，朋友有信”（《孟子·滕文公上》）。父子、君臣、夫妇、长幼、朋友以“亲、义、别、序、信”为“规矩”，凡此种种，不一一列举。而在此类中国传统规矩的限制和约束下，人与人之间达成某种一致并彼此期待，进而实现个人生命秩序的安全、家族生存秩序的延续、社会生活秩序的稳定以及国家运行秩序的畅行。因而，以“家国天下”为表征的家国情怀并不是简单的爱国、爱家，其中蕴含着个人、家族、社会和国家间千丝万缕的联系和深入骨髓的羁绊。

再次，“家国天下”的道德格局是由点到面、由内向外的同心圆似的蔓延和扩散，是多向和多项的动态互动过程，其整体是无数多个同心圆的发散聚焦组合。“家国天下”的道德格局以个人、社会和国家为基本要素，以维护个人、家族、社会和国家秩序的稳定为基本目标，其运动路向是由点到面、由内向外的同心圆似的蔓延和扩散，即每个圆心都代表着单个人，其由个人的一点扩散至家族的一面，再由家族的一面继续以个人为圆心向外发散至社会和国家；多向和多项的互动过程，即个人、家族、社会和国家不是单项各自单向的前进，而是交叉互动，彼此互为起始点，是单项与单项之间、单项与多项之间、多项与多项之间的渗透和作用。这就意味着“家国天下”的道德格局整体是无数多个同心圆的发散聚焦组合，即意味着不是单个圆心的同心圆的蔓延和发散，而是无数多个以不同圆心为核心发展的同心圆的组合，这些同心圆或一直扩张、或扩张后收缩、或如此以不同幅度往复等，形成无数多个同心圆的发散组合，但可以预见，其最终将呈现出一个具有一致性、连续性和确定性的发散聚焦组合，聚焦即是秩序的产物，是“家国天下”道德格局的深层设计，是家国情怀最真实的体现。

最后，“家国天下”的道德格局是文明时空的文化绵延，对于当今社会的精神价值提升仍具有重要意义。“家国天下”的道德格局不仅体现在对个人、社会和国家的目标及价值定位上，也不仅体现在对伦理道德的精密设计上，还体现在其本身的民族凝聚、精神激励以及价值整合的现实功用上。凭借这些，几千年来，“家国天下”的道德格局一直稳定延续。“家国天下”成为一种文化、一种精神，在中国人的心中已具有特殊的价值内涵，于今而言仍需要继承和发扬。“家国天下”是政治格局的国家认同，是道德情怀的自我追求，是对国家和人民所表现出来的深情大爱，更是如何正确认识和传承优秀传统家风的宝贵资源。“家国天下”的道德格局为优秀传统家风文化的产生和发展奠定了格局、指明了方向，为优秀传统家风的传承和发扬从依据上、内容上、功用上拟定了运动轨迹和方向，不再谈家和国分别是什么，而是谈家和国二者之间的结构和关系，让个人、家族、社会和国家更加紧密地融为一体。

“信行合一”的现实功用

如果说“伦理本位”的家国模式为家国情怀的产生奠定了基础、提供了条件，“家国天下”的道德格局为家国情怀的发展提供了场域、创建了空间，那么，“信行合一”的现实功用就为家国情怀的实现提供了最切实的可能。家国情怀由理论走向实践、从思想走向现实，需要达到主观与客观、信与行的统一，亦如理想在脚踏实地的同时还要有敢于仰望天空的追求。家国情怀的实现和践行源于这种坚定，优秀传统家风文化的产生和延续依靠这种信赖，中华民族的伟大复兴更需要这种笃定。

首先，中国传统文化始终倡导“知行合一”。“知”强调道德的自觉性，“行”强调道德的实践性，故而“知行合一”则是对道德修炼最基本的要求，不论是明清时期的“经世致用”，还是当代社会的“理论与实践相结合”，都是对传统文化中“知行合一”的深化。家国情怀作为中国特有的文化根基，始终贯穿于家庭生活、社会交往、政治活动之中，早已引起了传统中国人的共鸣，他们对于家国情怀的认识早已超越了学习与了解的状态，而是在家训文化的熏陶下、社会组织的引导下、国家机构的带动下内化于心，将其作为自己的行为标准、价值尺度，并在此基础上逐步成为信仰。

其次，家国情怀是内在超越性与外在事功性的统一。“内圣外王”是中国传统社会理想人格的化身，是家国情怀在道德层面的具体体现，“它以综合形态展示了人的价值取向、内在德性、精神品格”[①]。家国情怀的内在超越性，主要表现在“信”这一层面，即对于“内圣外王”理想人格的“信”，这种“信”是一种向内的、超世间的追求。孟子亦言“圣人，人伦之至也”(《孟子·离娄上》)，所谓“至”的含义不言而喻，即是人的最高境界，“内圣外王”的人尊礼、尚仁，内外兼修，知晓天地宇宙之规律，无所不能、无所畏惧，神化色彩浓厚。“内圣外王”是存高志、匡国家、安社稷、民胞物与等一系列优秀道德品质的集合，因而具有超世间的内在超越性。诚如王充所言：“儒者论圣人，以为前知千岁，后知万世，有独见之明，独听之聪，事来则名，不学则知，不问自晓。故称圣则神矣。”[②] 面对“内圣外王”的超越性，传统的中国人却始终保持着“虽不能至，心向往之”的态度，故而传统的中国家族通过家训文化，促进

---

① 杨国荣：《儒家视阈中的人格理想》，载《道德与文明》2012 年第 5 期。

② 孟宪承、孙培青：《中国古代教育文选》，人民教育出版社 1985 年版，第 117 页。

家族成员坚守“修身、齐家、治国、平天下”的道德修炼，坚持立志高远、敏而好学的作风等。究其根本，则是源于“家国天下”的外在事功。这也催生了危难时期一批又一批勇于献身的爱国志士、和平时期一批又一批忠于职守的无名英雄，他们对于责任的坚守、他们对于使命的勇于担当，则是对“家国天下”最为深刻的践行。

毋庸讳言，以“家国天下”的道德格局为表征的家国情怀同样弘扬了一种以爱为本的价值追求。不论是君臣之间的忠恕之道、百姓之间的兼爱有信，还是家族成员间的夫妻之情、兄弟有义，归根结底都是对于“爱”的信仰。但家国情怀的不同之处，则是它不仅仅局限于关注个体本身，同时也涵盖了超越个体、超越家族的人文精神。家国情怀不仅仅强调个体成员对于家、国、天下的爱，同时也强调了个体与家、国、天下间相互依存的关系。它将具有“国家”的权力体与“天下”的价值体相结合，从而完成了由“知”到“信”的超越。

“家国天下”的道德格局是中华文明中一脉相承的文化根基，它源于中华传统文化中特定的伦理关系，既关注自然世界，也倡导人文关怀，随家训、家风文化一路传承至今。它催生了国家危难之时志士仁人的豪情担当，它规约着芸芸众生的恪尽职守。于个人而言，它是内心修炼的至高境界，是外在事功的博爱追求；于社会而言，它是爱众亲仁的交往之道，是克己自省的处世哲学；于国家而言，它是社会成员对于民族与国家的价值认同和浓厚情怀！

教家立范

勤政公廉

在人类文明史的大舞台上，群芳竞秀、百花争艳，可“年年岁岁花相似，岁岁年年人不同”(刘希夷《代悲白头翁》)。众多人类文明，此方作罢彼登场，陆续消逝于历史尘沙，只有中华文明数千岁不凋，可谓一枝独秀。放眼当今世界，百舸争流、诸国逐鹿，能留存下的千年古国，屈指可数。光阴流转、世事万千，西晋五胡乱华遍地尸骸、宋时靖康之耻二帝被俘、清末西方列强烧杀劫掠，中华文明一次次从废墟中崛起，又一次次走向强盛。到底是什么支撑起古老的华夏文明绵延千载？是无尽的财富、广袤的土地，还是涛涛的江河？支撑起古老的华夏文明绵延千载的，是中华文化中蕴藏的民族精神。正是有民族精神的支撑，我们中华民族才做到了“千磨万击还坚劲，任尔东西南北风”(郑板桥《竹石》)。

这些民族精神中，家文化成为不可或缺的重要组成部分。在古代社会，人们把治家视为治国的根本。《礼记》有云：“古之欲明明德于天下者，先治其国；欲治其国者，先齐其家”，正所谓国有国法、家有家规，没有规矩不成方圆。《易经》家人卦亦言："家人嗃嗃悔厉吉，妇子嘻嘻终吝"，倡导对孩子必须要严加管教，否则终有悔吝。一家治理得好，天下才能安定。人们常常把家与周边的事物联系起来，如国家、公家人；把学派用家联系起来，就是道家、儒家、法家；把人与人之间的亲切交流联系起来，称为"唠家常"。"家"已渗入到人们生活的方方面面，所以"正家而天下定矣"（《易经·家人》），即只有"家正"，天下才能安定。

中华五千年的文明史缔造出的王侯将相，瀚如星海，然而有一些星光始终璀璨夺目。孔氏家族中的孔子、杨氏家族中的杨震、东晋名门中的谢安等，他们的光芒帮助人们照亮黑暗、驱散阴霾。在这些人的影响下，他们的家族成员砥砺奋发，许多家族成为千年之旺族。这些家族往往德业并兴，人才辈出。

如颜之推、司马光、包拯、张英和张廷玉父子、曾国藩、查慎行等文臣显宦，以及钱氏、山西裴氏、扬州何氏等，这些家族凭借优秀家风，成为人海中的佼佼者。于己，他们谨言慎行、修德进业、日省不足，在达己立命上能求真务实、安贫乐道，是坦坦荡荡的君子；于家，他们以身示范、孝慈广恩、勤俭持家，是清清白白的孝子；于国，他们有信仰、有追求、有高尚的人格，不一味屈从于君主，在重大问题面前能守底线，坚持原则，是堂堂正正的臣子；于天下，他们心系百姓、顾念民心、坚守正道，在事关苍生的问题上不畏强权、除暴安良，是潇潇洒洒的“巨子”（墨家首领）。如，清官包拯爱民如子；颜氏家族颜真卿，虽为文人却能在国危民难之际，勇于率众平定一方；李广，“但使龙城飞将在，不教胡马度阴山”，更是豪情万丈。他们所提供的精神食粮，不仅使自己家族长盛不衰，也使中华民族纵有千般苦难，仍能屹立不倒。

处和平之时，这些旺族往往成为一乡一县、一州一府人学习的榜样，甚至是一国仿效的典范；处动乱之中，这些旺族则能救黎民于水火，扶大厦之将倾，甚至开创一片新天地。名臣将相，上滋帝王，匡扶君主之过；下润百姓，移风易俗；更有著书立训，教化子孙遗泽后世。有些家族虽然陨落，如东晋谢氏家族，但他们留下了宁死不屈的精神，谱写下了悲壮的诗篇。这些足以滋养中华民族内心最为深邃的精神内核。当中华民族处于危难之时，这些良臣的形象就鼓舞着华夏子孙披荆斩棘、不断前行。

教育分为社会教育、学校教育、家庭教育和自我教育，其中家庭教育是一个人成长的重要组成部分，是一个人教育的起点。有的人以今非古，认为古人时过境迁，大家族已解体成小家庭，因此不重视家庭教育和家风建设。人自出生即在家庭氛围中受到熏染，不自觉地接受到家庭教育，自古至今，莫不如此。

中华文明是世界文明千锤百炼、大浪淘沙留下的精华，而中华民族的名门显宦教家立范、勤政公廉的家风则对中华文明的创造和延续起了重要的作用。

忠孝节义的颜氏家风

乱世中的家族有很多，但存于乱世的家训却并不多见，而《颜氏家训》便是其中之一，作者即为颜之推。

颜氏家族是黄帝后裔。周朝时期，其后裔中有个叫邾武公的人，名字叫伯颜，他的儿子名叫友，被分封到山东省建立小郳国，于是把颜作为姓氏，就有了颜氏家族。颜氏家族以山东省为发源地，如今分布广泛，远播海内外。颜家人才辈出，据《颜氏家庙碑》记载："孔门达者七十二人，颜氏有八。"孔子七十二门徒中，颜姓的人占了八个。颜回为孔门七十二贤之首，是颜友的第十八代宗孙，在颜氏族谱中，颜回被尊为一世祖。春秋时期鲁国武士颜高、颜鸣、颜羽，将军齐有颜涿聚、赵有颜冣。汉末有颜良，唐代颜真卿是著名的书法家，与柳宗元并称"颜筋柳骨”。以颜之推为点分枝出来的杰出人物就有数人之多，如颜师古、颜勤礼、颜杲卿、颜真卿、颜允南、颜允臧、颜幼舆等。宋代写入列传的颜家记载颇多，如颜延之、颜太初、颜复、颜诩、颜衎。还有明代的颜伯玮、颜希惠，元朝的颜瑜，清代的颜伯焘、颜元，均被写入列传。人才之多，蔚为大观。

颜氏家族累世积功，经久不衰，主要有几个原因：立足规律治理家事；以儒学传承立身教家立范；家风清正，誓死报国。此外，该家族还有着恪守礼法、安贫乐道、节操独立、不流俗弊等宝贵家族品质，这些都是他们经久不衰的原因之一。

一、立足齐家之道治理家事

俗话讲，清官难断家务事。家族琐事并非杂乱无章，在摸清规律后，就可以应对自如。在家庭关系中，妯娌关系、婆媳关系、继母子关系往往比较难处理。

妯娌关系本疏远淡薄，这有其客观必然性。妯娌不同于兄弟，“兄弟者，分形连气之人也”(《颜氏家训·兄弟》)。兄弟血脉相连、气运相通，从小在一起生活、一起进餐，一起上学、一起游戏，大多能互助互爱。但妯娌间无血缘关系，她们相处的标准，必然不能与兄弟间相待的标准相吻合。兄弟关系是家庭关系的核心关系之一，“兄弟不睦，则子侄不爱；子侄不爱，则群从疏薄；群从疏薄，则僮仆为仇敌矣”（《颜氏家训·兄弟》)。兄弟不和睦，子侄朋友都会疏远。颜家解决这一问题，靠的是“恕己而行，换子而抚”(《颜氏家训》)，即将心比心，换位思考。

婆媳关系自从有家庭关系以来，就是千年难解的问题。历朝历代，多以委屈儿媳的不平等方式解决。颜氏家族中，颜之推当时已发现其中之弊端，他说：“妇人之性，率宠子婿而虐儿妇”，即妇人都宠爱女婿虐待儿媳。因此，在家庭关系处理上他认为，应遵循“上下先后”原则。他说：“父不慈则子不孝，兄不友则弟不恭，夫不义则妇不顺矣。”(《颜氏家训·治家》)父母在地位上处于上，哥哥和丈夫顺序在先，强调他们应承担更多的责任，以便上下感化。南朝颜延之在《庭诰》中也说“欲求子孝必先慈”，婆婆属于上，也属于先。所以，儿媳是去是留，在家中的功过评断，其实都是由婆婆的行为决定的。这里种下因，那里结出果，因果循环。“落索阿姑餐，此其相报也。”（《颜氏家训》）这样的事，不可以不引以为戒。

“凡庸之性，后夫多宠前夫之孤，后妻必虐前妻之子。”（《颜氏家训》）他们之间为什么不能和平相处？不是妇人嫉妒、丈夫甘于被迷惑，是现实情势发展的必然结果，即“事势使之然也”。从继父角度来看，前夫的孩子在生活中多需照顾，日久生出爱怜，所以宠爱他。而从继母角度来看，前妻生的儿子，什么事都居于自己子女上风，必然需要防范。因此，娶后妻应慎之又慎，不能只顾自己，而应考虑抚恤遗孤。

此外，颜氏家族对待女儿，也有自己独立的家族精神。在古代，嫁出去的女儿好比泼出去的水，甚至连姓氏都随之改为男方姓氏，不以自己娘家姓氏称呼，而要称呼某某的妻子。于是社会中就出现了“养女太多一费也”“盗不过五女之门”（《颜氏家训》）这样的说法。颜之推却一反此理，认为这是“贼行骨肉”，逆天道灭人性。女儿也是父母的骨肉，不应该如此。

二、坚守儒学为本教家立范

颜家重视立业。“人生在世，会当有业”（《颜氏家训·勉学》），颜家以儒学立业，认为人应当有一技之长。“积财千万，不如薄技在身”（《颜氏家训·勉学》），为此应早早着手勤学苦练。胎教在古代的圣王时已经有了，妃子怀孕3个月，就住另一个宫里，所闻所见都需符合礼制。《颜氏家训·勉学》就讲“自古明王圣帝，犹须勤学，况凡庶乎！”季康子问哪个弟子好学？孔子说“有颜回者好学，不幸短命死矣，今也则亡”，除了颜回再没有了。孔子提到颜回说“惜乎！吾见其进也，未见其止也”。只见颜回不停地学，没见到他停止过。曹操在《步出夏门行》云："老骥伏枥，志在千里。烈士暮年，壮心不已。"针对没有条件早学的，颜之推认为"人有坎壈，失于盛年，犹当晚学，不可自弃"，仍需自强不息。

颜家也很重视择业问题。认为颜家子弟应操精深的经世治用之业，而不是取悦于人。在《颜氏家训》杂艺一篇中，颜之推针对当时常见的一些技艺，如书法、绘画、骑射、博弈、投壶、占卜、算术、医学等，都一一作了品评。他认为书法不需要过于精湛，常被人所役使。魏代书法家韦仲在遗书中就告诫子孙，不要学书法。大书法家王羲之，举世都知道他的书法，这样反而遮蔽了他在其他方面的才华。萧子云著《齐书》，此书自成一典，文章弘扬大义，值得一看，然而却因为字迹好而闻名。所以，慎重地看待书法，不要把它作为安身立命的事业。他认为，学医居家能得到救急，就可以了。也就是说，这些都需了解，但不能样样求精，《礼记 · 曲礼上》"傲不可长，欲不可从，志不可满，乐不可极"，指出人的欲望应有限度、有规制。即使是人的志向理想，也需有一定的限度。“多为少善，不如执一”，如果能减省那些不必要的事情，自然会把自己的事情做得精妙。“宇宙可臻其极，情性不知其穷，唯在少欲知足，为立涯限尔。”（《颜氏家训》）宇宙或许有边界，人的欲望却无边无尽，所以必须设定界限。颜家的择业界限，自然是在读书求仕范围内。

自孔子开创儒家学派以来，颜氏家族多以此为业。比较早的是春秋时期的颜回。颜回，字子渊，父亲颜路，父子二人都是孔子的学生。孔子弟子三千，最欣赏的不是英勇善战的子路，也不是富可敌国的子贡，而是一贫如洗身居陋室的颜回。《反经》有言“贱则观其所不为”，颜回有高尚的精神境界，孔子称赞其贤德曰：“一箪食，一瓢饮，在陋巷，人不堪其忧，回也不改其乐。”（《论语·雍也》）身处贫贱，仍能安贫乐道。颜回最大的过人之处还在于“不贰过”，即从不犯第二次错。孔子喜欢他的原因还有一个，就是“回也非助我者也，于吾言无所不说”（《论语·先进》），即会说话。有一次孔子被囚禁在匡，颜回后到，孔子说，我以为你已经没有命了。颜回说："您在，我怎么敢死呢？"可惜，颜回早早去世，孔子痛心疾首。颜回去世时，孔子说："噫！天丧予！天丧予！"（《论语·先进》）老天这是要我的命啊！颜回虽年纪轻轻去世，但后世慕其美名，尊他为复圣。

之后，比较有名的便是北朝的颜之推，他承接祖业，以此修身立家，著《颜氏家训》，将颜氏家族推向了历史的另一高峰，涌现出了颜师古这样的经学大家。颜师古考订《五经》注《汉书》，被唐太宗所重用。宋代有杰出的父子档，颜太初和颜复。颜太初以诗见长，著《洙南子》，曾在国子监任职。颜复系颜子四十八世孙，父亲颜太初。颜太初"以名儒为国子监直讲"（《宋史·颜复传》），非常有才华，"凡试于中书者二十有二人，考官欧阳修奏复第一"（《宋史·颜复传》），欧阳修评他为第一名。后来，颜复成为国子监祭酒。颜太初和颜复同在国子监讲学，可谓子承父业。

自颜回起，颜家历代以儒为业，多为儒士。

秦、汉、魏、晋，下逮齐、梁，没有以用兵方式来获取通达的人。“颜氏之先，本乎邹、鲁，或分入齐，世代以儒雅为业，遍在书记。”（《颜氏家训》）如颜衎专门研究《左氏春秋》、北朝颜恶头精于《易经》占卜，颜太初擅长作诗。不论是诗、史、礼，均属儒学之列。此外，还有元代著名学者颜耕道、明代儒者颜茂猷、清代学者颜习斋。当今之世，学术知识界也不乏人才，如中山大学的颜光美教授。

颜氏家族为何有这么多人学儒学？梁朝全盛时，贵族子弟不学无术，以至“上车不落则著作，体中何如则秘书”（《颜氏家训》），上车不跌跤就能当著作郎，会说话就能当秘书长。但改朝换代，国破家亡，孤苦无依，这些贵族自身没有一技之长，从此没落，多沦为草莽。“父兄不可常依，乡国不可常保，一旦流离，无人庇荫，当自求诸身耳”（《颜氏家训》），这是颜之推总结出来的乱世治家箴言。所以，必须读书学习，学习六经，读百家著作，即使不能增加德行、教化风俗，也不失为一个专长。颜家不衰的秘密之一，即“能常保数百卷书，千载终不为小人也”（《颜氏家训》）。小人，即身份卑微的人。

颜家不仅学儒，而且行儒。孝道是儒家极为推崇的。百善孝为先，“孝弟也者，其为人之本与”（《论语·学而》）。宋朝颜诩是唐代颜真卿后人，这个人很奇特，“无喜愠”，没有喜怒，从不生气。《宋史》说他年少时失去母亲，即“少孤”，兄弟好几个人，他侍奉继母因孝而声名远播。颜诩家中人多，家法严厉庄重，男女各依秩序，老少和睦相处，日常饮食不因人而异。颜诩和他们在一起居住数十年，终日面容和悦，看不见他生气，一直到 70 多岁去世。颜氏家族还有颜衎，专门研究《左氏春秋》。他做文章，没有华丽的词藻，然而“谅直孝悌，为时所推”（《宋史·颜衎传》），被当世民众所推崇，曾多次因奉养年迈母亲辞官。颜回曾说：“夫子循循然善诱人，博我以文，约我以礼。欲罢不能，既竭吾才，如有所立卓尔。”（《论语·子罕》）从历史角度来看，不仅颜回对儒学欲罢不能，整个颜家都是如此，儒家思想已深入颜家骨髓。

三、恪守清正家风精忠报国

颜家门风清正，首先体现为勤政爱民。颜家处在动乱之中，能够坚持大义，不随波逐流，保一方平安、化一方风俗，赢得了百姓认可。颜师古的叔父颜游秦，数次升任廉州刺史。当时，刘黑闼作乱刚刚被平定，人们都强暴行事，少按礼法行事，风俗也未形成。颜游秦来到之后，敬畏谦让之风大为盛行。唐高祖亲自下诏书，慰劳勉励他。城里有诗歌称颂“廉州颜有道，性行同庄老，爱人如赤子，不杀非时草”（《旧唐书》），体现其爱民如子、公心天下的情怀。在勤政爱民的同时，他也不荒废学业，在学术方面撰写《汉书决疑》十二卷，遗泽后世。

颜家门风清正，还体现为清心制欲，不贪荣求利。西晋时期，八王争夺帝位，最终导致西晋分崩离析，形成五胡十六国局面。五胡乱华，尸骸挂树，中华民族遭受空前浩劫。偏安一隅的司马氏建立东晋，然而日益衰危，大国风光不再，常常受到北方少数民族政权的威胁。一些人以女求财，攀附权贵。颜含——颜之推九世祖，曾告诫子侄说：“汝家书生门户，世无富贵。自今仕宦不可过二千石，婚姻勿贪势家。”明确定位颜家是书香门第，适合做郡守以下的官职，不盗虚名求官位，也不以嫁女以结交权贵。

《晋书·孝友传》记载，有一位奸臣名叫桓温，是当时的驸马，他企图篡夺皇位，遭到东晋王谢两大旺族抵制，未能如愿。其间他曾想与颜家结亲，遭到拒绝。“含以其盛满，不许，惟与邓攸深交。”有人问颜含江左群士优劣，他回答说：“周伯仁之正，邓伯道之清，卞望之之节，余则吾不知也。”（《晋书·孝友传》）孔子说：“视其所以，观其所由，察其所安。”（《论语·为政》）在危乱之世，颜家面临强权，能保持节操，讲求“婚姻素对”，坚持“做清白人家”原则，实属难得。这种门风清正的传统，直到颜之推，仍一直坚持。

颜家门风清正，更体现为处在衰危、动乱的时代，誓死报国，匡扶社稷。君子有所为，有所不为。颜家不仅敢于直拒权贵，而且在国家危亡之时、动乱之中，勇于舍生忘死。唐玄宗时，安史之乱，令各方措手不及，尸骸遍野，各地纷纷投降。安禄山叛逆之时，颜真卿的堂兄颜杲卿本是安禄山的部下，但他深明大义力主平叛，擒杀贼党，最终被反贼割去舌头，仍痛诉不已，以身殉国。文天祥《正气歌》赞曰："浩然者，乃天地之正气也。天地有正气，杂然赋流形……为张睢阳齿，为颜常山舌。"颜常山即颜杲卿。颜回第四十世孙颜真卿，被敌俘获，慷慨陈词，不惧生死，敌人威逼利诱，始终不改变节操，后来，被缢杀，终年 77 岁。世人有人以为他大抵是个武夫，不知死活，沽名钓誉。柳宗元却评价说："人视之，儒者也。遇不可，必达其志，决非偶然者。"（《新唐书 · 列传七十八》）东晋末年，颜协父亲颜见远，博学有志行，齐和帝封他为御史中丞。后来，梁武帝把持朝政接受禅让，颜见远绝食不餐，异常愤怒，几日后就死去了。梁武帝听闻说："我自应天从人，何豫天下士大夫事，而颜见远乃至于此。"（《南史 · 列传六十二》)颜见远面对奸臣逆子，敢于斗争，甘于贫贱，也不为虎傅翼。他不“摧眉折腰事权贵”，宁以死节谢君王，上演了惊天地泣鬼神的一幕。颜家满门忠烈，一身傲骨，决不屈从，堪称中华民族楷模。

清白俭朴的司马家风

司马家族既是政治世家，又是军事世家。《晋书·宣帝本纪》中提到关于司马姓的起源：“其先出自帝高阳之子重黎，为夏官祝融。历唐、虞、夏、商，世序其职。及周，以夏官为司马。其后程伯休父，周宣王时，以世官克平徐方，锡以官族，因而为氏。”高阳，即五帝之一的颛顼帝，是重黎父亲、黄帝之孙、昌意之子，姓姬。先祖重黎，从先祖重黎开始，后世子孙一直到周朝历任司马一职，到周朝程伯休父时，始以司马为姓氏。春秋时期，晋有司马郚、司马弥牟、司马寅，齐有司马灶，楚有司马子鱼、司马督，宋有司马强，陈有司马桓子，是皆以司马为氏。“文章西汉两司马”，即指史学家司马迁和辞赋家司马相如。三国时有魏国以司马懿为代表的“司马八达”兄弟 8 人，唐朝隐士司马承祯、唐黄门侍郎司马锽、宋朝司马光等皆是名人。

司马家族突出的代表人物司马光（公元1019—1086年），字君实，去世后被追封温国公，故后人称为温公。司马光生活在宋代，其父为司马池，进士及第，显赫一时。司马光7岁时像成人一样，听到别人讲《左氏春秋》就喜爱上了，“自是手不释书，至不知饥渴寒暑”（《宋史·司马光传》）。他年少时因砸破水缸救人而名扬四海，至今传为佳话。宋朝男子有簪花的风俗，司马光性不喜奢华，有喜宴唯独司马光不戴花，同席的说“君赐不可违”，才簪一枝。司马光的主要作品有《资治通鉴》《温国文正司马公文集》《稽古录》《涑水记闻》《潜虚》，另有家风建设方面的著作《温公家训》《涑水家仪》《训俭示康》等。

一、将才辈出　史学卓越

与颜之推戒除兵事不同，司马家族则以兵事著名。“司马”，本义就是军事长官。“唐虞夏商，世序其职”，从尧帝开始，一直经历舜帝、大禹、商汤、周武都从事军政，担任管理全国的军政要职。这段历史看似久远，似乎不足称道，然而细细算来，至少有1000年的历史，也就是说中华民族5000年的文明史中，1/5的军事都离不开司马家族，而且还不是全部。楚汉时期，司马卬本是赵国将军，与诸侯国伐秦，被封为诸侯王。从司马卬后的八世孙，有位征西将军司马钧，他的儿子司马量和孙子司马俊都是太守，司马懿就是司马俊的孙子。他的父亲叫司马防，任京兆尹一职，掌管京都要事。司马懿也曾担任军中司马一职。时至东晋，司马家族从事军政已有2000多年历史，足见官居“司马”是这个家族最为鲜明的特征。以司马为姓，当之无愧。

古已久远，难不可知。人们在《三国演义》中所熟悉的司马懿，父亲是朝中要员，家教极严，司马懿兄弟8人都名闻一时，被称为“司马八达”。其中，司马懿最出色，他是一位智谋才能与诸葛亮不分上下的人。他设计擒杀关羽，数次抗击诸葛亮于祁山，致使千古军事奇才“出师未捷身先死，长使英雄泪满襟”。此后，其子孙又取代曹魏政权，建立西晋和东晋。司马家族诠释了兵事远不像颜之推所认为的那样危险，如果有足够的智谋，不仅可以化险为夷，还可以执掌乾坤。

基于千年的累积，司马家已不仅限于军政领域，而是博学多才、兼通文史，涌现出了两位史学大家。自汉后，司马家史学人才光辉耀史，出现两位十分卓越的史学人物—— 一个是司马迁，另一个是司马光。前者撰写了第一部纪传体通史；后者则撰写了第一部编年体通史。司马迁的父亲也是史官，可谓三大史学家。

二、《礼》《易》治家　俭以养廉

宋代社会治理的主要思想是宋明理学，以孔子儒学“四书五经”最为重要。司马光温良恭俭、恪守礼法，是儒家文化塑造下的人格典范。他在治家过程中重视处理各种关系，《温公家范》将不同家庭角色的礼仪之道逐一梳理，莫不以儒家《礼》《易》为标准。礼，即《礼记》

(也有说指包括《周礼》《仪礼》《礼记》在内的所谓“三礼”)；易，即《易经》。司马家族中司马光留下了许多家风建设的著作，其中就包括《涑水家仪》。《涑水家仪》中关于男女差别的礼仪规范，基本遵照了《礼记》。

宋代国力衰弱，现今西北、东北和西南的广大领土当时已不属宋代管辖。较之唐代社会风气大变，居民日常生活力倡清俭，穿衣清素淡雅，吃饭即使帝王之家不过五盏盘。宋真宗时更规定平民百姓不能以金做衣服装饰物，也不能用来装饰屋室，否则处斩。而社会上的一些官员却生活豪奢，风气很不正。司马家在这种社会氛围影响下，借鉴先贤治家原则，形成了俭以养廉的家风，以此告诫子孙。

孔子说：“奢则不孙，俭则固。与其不孙也，宁固。”(《论语·述而》)奢侈的人容易桀骜不驯，即使周公那样的英杰，如果骄傲不驯，也不值一提，何况平常子弟。颜回死去，门人想厚葬他，孔子说不可以。门人还是厚葬了他，孔子说：“回也视予犹父也，予不得视犹子也。非我也，夫二三子也。”（《论语·先进》）不是我不把颜回当儿子下葬，是那几个人不容我这样做，可见孔子是主张俭葬的。

《晏子春秋》记载了一件事：齐国晏子临终前交给妻子一封书信，让妻子等儿子成年后再给他看，上面写道，“布帛不可穷，穷不可饰，牛马不可穷，穷不可服”。即要节约地使用布帛牛马，否则会穷困。司马家也非常重视节俭的家风。三国时期魏国的司马朗，虽在军中，“常粗衣恶食，俭以率下。雅好人伦典籍”（《三国志》）。北朝镇西大将军司马楚之“在边二十余年，以清俭著闻”（《北史》）。司马裔，是司马楚之的孙子，“性清约，不事生产，所得俸禄，并散之亲戚，身死之日，家无余财”（《周书》）。司马光专门写了《训俭示康》给他的儿子当训诫。他谆谆告诫儿子司马康，司马家本是贫寒之家，世代清白相传承，自己不喜欢奢靡。众人都以奢靡为荣，他内心唯独以节俭朴素为美。孔子也曾提到简约可以降低人的犯错概率，又说：“士志于道，而耻恶衣恶食者，未足与议也。”

(《论语·里仁》)节俭是美德，有道德的人不应以节俭相互讥讽。

“由俭入奢易，由奢入俭难”（司马光《训俭示康》)，富足的俸禄不能永存，不能脱离平民百姓治家的根本法则，否则就会陷入穷困之中。石崇因为奢靡夸耀于人，结果死于非命。还有寇准，宋真宗时任宰相一职，功勋卓著。然而其生活豪奢一时，众莫能及。因为功业极大，也就无人非议，但子孙浸染上了这种家风，以致多数陷于穷困。司马光不仅告诫儿子要节俭，还要求司马康也要告诫他的子孙世代传承，形成家风。

司马光说：“夫俭则寡欲，君子寡欲则不役于物，可以直道而行，侈则多欲，君子多欲则多求妄用，败家丧身，是以居官必贿，居乡必盗。”(《训俭示康》)即认为俭是有道德者的共同特征，而“侈，恶之大也”(《训俭示康》)。俭则无欲，无欲则刚，廉洁之心自然产生。这种以俭养廉的理论，与高薪养廉相比，更具持久性。司马光有高薪，也有朝廷诸多赏赐，但或捐献给国家、或周济黎民，不用来享乐，百姓都很喜欢他。司马光去世时，京师人罢市去凭吊，哭声震天，如同家人去世；全国各地都画他的画像供奉，吃饭的时候进行祭拜。为官若此，司马温公应该此生无憾了。

三国时期魏国的司马芝，官至关内侯，历任大理正、大司农等职，去世后，家无余财。他曾经担任过河南尹一职，抑强扶弱，私请不行。有一次内官欲找他办事，不敢直说，因此找到他妻子的伯父董昭。但董昭也敬畏司马芝，心存忌惮，不给他通融，可见司马芝治家之严。司马芝常教导自己的下属：君主能对官员进行教化，但不能使官吏不违反教化；官吏能违反教化，却不能使君主必定听闻不到。制定教化而被违反，是君主的不足；违反教化而被知晓，官吏就会大祸临头。手下官吏莫不以此互勉。

三、勤政爱民　鞠躬尽瘁

司马芝曾说，“百姓不足，君谁与足”，认

为百姓富足才是天下根本。同一时期魏国的司马朗，曾任司空掾属，在治理中讲求宽惠，不用鞭刑和杖刑，百姓从不犯禁违法。后来他被调离做其他工作，原先治理的地方一些迁徙走的人，担心他遇到困难，都私下返回去帮助司马朗，可见百姓非常爱戴他。司马朗后任兖州刺史，广得民心，百姓赞不绝口。建安二十二年（公元 217 年），与夏侯惇等征讨吴国，当时军队突发大的疫情，司马朗亲身下去巡视，为士卒送医药，结果因此染病去世，时年 47 岁。司马朗临终前要求简葬，交代家人用当时穿的布料衣服就可以，当地百姓都追思不已。司马朗的子孙、弟弟因为他的功德，都受到朝廷庇佑。

北宋时期王安石变法，给政坛带来极大变动。人们对王安石的评价大多持肯定态度，然而有很多人并不知道，王安石变法的反对者很多。翻开《宋史》可知，反对力量真的很强大，其中主要代表人物之一就是司马光。王安石变法时，这些势力下放的下放、被贬的被贬，而司马光则辞官归田。王安石变法失败后，宋朝执政者再次起用司马光。年迈的司马光知人善用，重新恢复旧制。他事事不分昼夜地亲力亲为，整顿吏治、收拾残局，在自己的工作岗位上鞠躬尽瘁，工作到最后一息，去世时 68 岁。司马光在王安石变法期间，仍不忘朝廷和百姓，“居庙堂之高，则忧其民；处江湖之远，则忧其君”（范仲淹《岳阳楼记》），主持编写史学巨著《资治通鉴》。司马光在《资治通鉴》中说：“才者，德之资也；德者，才之帅也。”将勤政爱民、礼法道德置于才能之上，主张为官者要恪尽职守，死而后已。

司马家族自司马光后，在政坛中被载入史册的主要有明朝礼部左侍郎司马恂、清代江西按察使司马云皋。司马云皋曾调任山东治理水患，数次修河加堤，兢兢业业，勤勉工作，最终累死在工作岗位上，赢得君王和百姓的认可与赞许。

司马家族除军政以及史学成绩突出外，也有其他一些能人逸士。如唐时著名隐士司马承祯，喜好老庄之学，对其中义理无不精通，武则天、唐睿宗、唐玄宗三代君主都曾召见过他，请教治国之道。司马承祯去世后，唐玄宗亲自为他撰写碑文。然而，司马家最鲜明的特点还是“司马”（指仕途官职）第一，史学第二。即使北宋时期司马家也不乏将才，如司马梦求就以身殉国。其后代在历经无数劫难后，为了延续血脉，一些人改了姓氏，不再姓司马，如有的改姓司，有的改姓马，也有很大一部分人仍以司马为姓。世易时移，家风也应随之革新，不断汲取时代精华的司马家族已在历史的长河中实现华丽转身。“滚滚长江东逝水，浪花淘尽英雄”，多少风流人物融入中华大地，但青山仍旧在、夕阳依旧红，他们培植的家风之花千岁不凋、芳浸沃野，让生活在这片山水间的人们，永远沐浴花香、享受阳光。无论我们遇到多大的困难，这些优良家风文化也足以激励子孙不断前行，成为中华民族继往开来的精神动力。司马氏在中国家风史上绘制的浓墨重彩，必将馨香永存。

廉洁公正的包氏家风

“孝肃祠堂野水滨，森林松柏拥南城。池边有草春常绿，墩上无花香自生。道直千秋同岳峙，笑难当日比河清，至今孙子家犹傍，大地沧桑几变更。”（吴元桂《谒包公祠》）这首诗提到的“孝肃”就是千古名臣包拯。该诗描写了包公祠的美景和包拯的伟大人格。“岁寒，然后知松柏之后凋也。”（《论语·子罕》）包拯一生公廉，世事虽然斗转星移、花开花谢，人们对他的爱戴却终始如一。今天，在包拯出生地安徽和为官过的河南等地都建有包公祠。在包公祠里，铁骨铮铮的包公形象和千古不散的浩然正气，涤荡着一个又一个灵魂。千百年来，来到这里瞻仰的人络绎不绝。这些青松古祠的背后到底隐藏了多少故事？下面，就让我们从家风角度，来一起探秘包氏家族。

包氏家族的最早起源可追溯到包牺氏。《易经·系辞》有言："古者包牺氏之王天下也，仰则观象于天，俯则取法于地"，于是"始作八卦"。包牺氏奠定了中华民族对世界的基本思考方式，是中国哲学的源头。春秋时期楚国申包胥后世子孙也以包为姓者，包拯就是申包胥的后人。包氏家族人才济济，包氏后世子孙包其君在《成立防城港市包氏宗亲理事会上的讲话》中提道，"东汉光武帝时期的包咸，唐朝诗人包融，宋朝包恢、包拯，元朝'包氏三虎'（包玉明、包玉莹、包奇珍）、'包氏四龙'（包忠学、包志道、包志刚、包志能），明朝'包氏三雄'（包腾龙、包腾蛟、包腾凤），清朝包世臣，当代香港船王包玉刚，获国际发明金奖的包起帆"，这些人都是包氏家族的杰出人才。在众多的包氏人才中，最为大家所熟知的莫过于包拯。包拯不仅在为官时政绩突出，而且在家风建设中也卓有贡献。特别是他在处理国与家的关系上，一直是后世为官者的典范。"问渠那得清如许？为有源头活水来。"（朱熹《观书有感》）包家如此卓越，到底源于什么样的家庭教育，又有哪些传承下来的宝贵家风呢？概括而言，大致体现在三个方面。

一、铁面无私　清正廉明

包氏先祖申包胥虽有救国之功，仍然能两袖清风。申包胥是楚国名臣，曾与伍子胥交好。不幸的是，伍子胥的父亲和兄长被楚平王冤杀，他被迫逃到吴国。为了给父亲和兄长报仇，伍子胥协助吴王攻下楚国都城后，为了泄愤，面对已经离世的楚平王，做出了掘墓鞭尸的事情，楚国陷入灭国危机。这时申包胥跋山涉水求助于秦，秦国婉言谢绝，让申包胥先住进客馆休息。申包胥却说："楚王流落在荒草野林中，身为臣下哪敢去客馆休息？"就这样，申包胥站立在外边庭墙旁边"勺饮不入口七日"（《左传·定公四年》），日夜不停地哭泣。申包胥撕心裂肺的声音响彻云霄，不时地传到秦哀公耳朵里。秦哀公见此情景，慷慨激昂地赋诗一首《无衣》："岂曰无衣？

与子同袍。王于兴师，修我戈矛。与子同仇！岂曰无衣？与子同泽。王于兴师，修我矛戟。与子偕作！岂曰无衣？与子同裳。王于兴师，修我甲兵。与子偕行！”（《诗经·秦风》）在申包胥的不断恳求下，深受感动的秦王终于答应出兵楚国。复国后的楚昭王要奖励申包胥，申包胥却说：“吾为君也，非为身也。君既定矣，又何求？”（《左传·定公五年》）他身为臣子但尽职责不求名利，何等高风亮节！自此，后人将申包胥奉为忠贤楷模。申包胥的子孙则将这种高风亮节发扬光大，出现了包拯这样铁面无私、清正廉明的名臣。

包拯（公元 999—1062 年），字希仁，安徽合肥人。包氏家族的兴盛与包公的传奇经历和鲜明人格息息相关。包拯出身书香门第，自幼饱读诗书。父亲包令仪是虞部员外郎，祖父“包士通太子少傅”（《包绶墓志铭》）。包拯的主要遗著有《包孝肃奏议》《包拯集》等。包拯娶董氏为妻，育有两个儿子和两个女儿。他 28 岁中进士，39 岁入仕为官，64 岁去世，谥“孝肃”。包拯是一位富有传奇色彩的人物，他的一生有着许多传奇故事，也成为电影、电视剧的常见题材。现实生活中的包拯，不同于文学影视作品所塑造的形象。

真实的包拯是什么样呢？史书记载中的他有以下几个奇特之处：第一个传奇是为母长久辞官。包拯的孝母之心，其情感之深、居家侍母时间之久，古今少有。官员辞官奉养父母者众多，但初入官场便辞职奉养双亲，并且直到双亲去世后仍然久久不愿离去的人并不多。第二个传奇是巧破奇案。巧破牛舌案使他在官场闻名。第三个传奇是清廉典范。历来清官众多，但清官第一人当属包拯。第四个传奇是子从天降。包拯原只有一个儿子叫包繶，但不幸的是包拯白发人送黑发人，他仅有的一个孙子，不久也死去了。因此，包拯一门无后可续。可后来十分蹊跷的事发生了，突然出现一个叫包绶（又名包綖）的人声称是包拯的儿子。这是怎么回事呢？原来包拯曾经把一个妾遣返回娘家，但包拯不知道小妾已怀身孕。包繶的妻子崔氏知道后，暗中关注并帮助包拯的这个妾。后来真相浮出水面，崔氏把孩子带回家中，这样包拯的血脉才得以延续。包拯的出现，把包氏家族推向历史的巅峰。包拯素以铁面无私、清正廉明著称，主要体现在以下几个方面：

第一，铁面无私、公正执法，不以情越法。包拯年幼时上学堂，每每经过富人居所。富人向包拯殷勤示好，包拯担心为后所累而不与他们交往。包拯壮时曾与宰相同为邻里，宰相等着他来拜见，包拯却没有去。为了能够做到秉公执法，他不仅平时没有与人来往的私人书信，连熟人和亲朋好友都一一断绝往来。包拯这样做，为的是在执法过程中不以情越法。在常人看来，这的确很难做到，而包拯却做到了。正是因为他做到了常人做不到的，才能成就非常之功。包拯对父母感情深厚，极尽孝道，但对违法乱纪的长辈却也会铁面无情。据司马光的《涑水记闻》记载，包公的一个堂舅横行霸道，触犯了法律。依照旧习，外甥不便惩处舅舅，但包公果断下令逮捕并对其处以笞刑。在公义面前，包拯大义灭亲。自此，包家无不畏忌，再没有主动惹是生非的人了。“外甥有理打得舅”，也在当地传为佳话。

第二，清正廉明、信守礼法，不贪赃枉法。砚台是文人墨客的文房四宝之一，产于今广东省肇庆市的端砚十分名贵稀有。在宋代，端砚品质已享誉华夏，位列中国四大名砚，成为亲朋好友之间馈赠的佳品。在文学气息较重的宋代，哪个文人不喜砚、哪个文人不用砚呢？当时，端州的官员“前守缘贡，率取数十倍以遗权贵”（《宋史》）。包拯这个文人出身的官员，非常荣幸地被派到这里为官。包拯面对巨大诱惑时是否会变节呢？历史给我们的答案是：包拯“命制者才足贡数，岁满不持一砚归”（《宋史》），也就是一个砚台都没私拿。与包拯同时代的周敦颐曾言“出淤泥而不染，濯清涟而不妖，中通外直，不蔓不枝，香远益清”（《爱莲说》），用这句话来形容包拯再贴切不过了。

与上任官员利用职务之便中饱私囊、虚报数目达数十倍之多来结交权贵相比，包拯全年下来，连一个砚台都没有私拿。这件看似平常的小事，却被元朝中书右丞相脱脱写入了《宋史》。包拯在《书端州郡斋壁》诗中表明了自己的理想信念和追求："清心为治本，直道是身谋。秀干终成栋，精钢不作钩。仓充鼠雀喜，草尽兔狐愁。史册有遗训，毋贻来者羞。"常言道："举头三尺有神明。"这个神明，其实就是百姓。一个人为人处世，看似私密的行为，但在人类历史的显微镜下都无处遁形。包拯能慎终如始"清心为治本"，而且"精钢不作钩"，不攀附权贵，最终成就了千秋美名。

第三，家教严肃，立下忌赃家法。包拯具有非常鲜明的人格特点，他十分痛恨贪赃枉法。包拯的时代距宋高祖开国已七八十年，正值仁宗朝，贪官污吏巧取豪夺。"贪猾之徒，殊无畏惮"积弊已久（杨国宜《包拯集校注》），各种苛捐杂税，加之朝廷横征暴敛，百姓不堪重负纷纷揭竿而起。如何治理和稳定社会？无数人作出了努力。由范仲淹领导的以整顿吏治为核心的"庆历新政"，不到两年因范仲淹被排挤而搁浅。包拯正处在这个时代，他面对奸佞当道十分痛恨：“贪者，民之贼也。”因此，他在家训中唯一谈到的就是贪赃这一点。《包孝肃家训》云：“后世子孙仕宦，有犯赃滥者，不得放归本家；亡殁之后，不得葬于大茔之中。不从吾志，非吾子孙。”并将这简短的家训刻于石上，竖立在东面墙壁边。包公家训没有长篇大论，却以非常简洁的语言准确地表现了其最为核心的家风精神：不“犯赃滥”。包氏家训不仅是包家的宝贵遗产，也成为其他家族的精神遗产。吴孟复在《包公墓园楹联》中说：“公以聪明正直为神，肥水接嵩山，同为乾坤留浩气；我随父兄姑姊之后，寒泉荐秋菊，更教子弟读遗书”（杨国宜《包拯集校注》），正体现了包家对其他家族的影响。

第四，利国利民，供职官不避嫌。当时，包拯以“乘势贱卖所监临富民邸舍”（杨国宜《包拯集校注》）为由，说三司使张方平“无廉耻”，“不可处大位”，弹劾了张方平。随后，宋祁接替了张方平的职务。可包拯又弹劾宋祁，说他“多游宴”，还说宋祁家人生活豪奢，也没把地方治理好，宋祁也被罢免了。宋祁被罢免后，包拯执掌起了三司使一职，引起非议。欧阳修也对他出任这一职位表示不满，说："拯所谓牵牛蹊田而夺之牛，罚已重矣，又贪其富，不亦甚乎！"(《宋史》)包拯当然不是谋私利。从当时情况来看，包拯的确是最合适的人选。他居官不避嫌，做了许多有益的事。在任三司使期间，包拯改革创新原有体制，如"公为置官场和市"等，实现了"民无科调之扰，物无虚直之耗"（《宋故枢密副使孝肃包公墓志铭》)的治理景象。

第五，聪明睿智，巧破疑案。丁忧后初入仕途，包拯就遇到了一桩案件。一户人家的牛舌不知被谁割掉了告到官府，包拯则告诉养牛人回去把牛杀了卖牛肉。众人听后大惊，因为当时政策规定养牛人不可以私自宰杀耕牛，否则要被处以刑罚。这哪是破案啊，案没破成还把自己搭进去了！谁知原告回去后真把牛杀了到街上卖肉。这时有一个人到官府来告发，包拯当即把告发者拿下。杀牛犯法，前来告发的人怎么反被抓了呢？原来，包拯接到原告起诉后，心想这贼人有牛不盗却割牛舌定是仇人。所以，包拯让养牛人杀牛卖肉，故意引诱这个仇人前来告发。最终，包拯罚了贼人银钱赔偿给杀牛者，破了这个案件。包拯小试牛刀，便初露锋芒。天网恢恢疏而不漏。包拯由此开始着手一系列惊天动地的大案要案——五弹外戚张尧佐、七斗酷吏王逵，被百姓誉为“包青天”。

二、心系百姓　不畏强权

包拯不惧强权，勇于斗争。北宋年间，有势力的家庭建造花园轩榭，侵占了惠民河，致使河道阻塞不通，百姓怨声载道。当时恰逢京师遭遇大洪水，包拯便把这些花园轩榭悉数拆毁。有一些权贵家族不服气，拿着地券来索要，包拯一一细致查验，只要有伪增步数的，就会向皇帝弹劾，丝毫不畏惧。包拯性情刚毅，贵族国戚都因其收敛了不法行为，听见他的名字都十分忌惮。他的儿子包绶，也继承了父亲的特点，“事有不可行，公则毅然面折，不苟从”（《包绶墓志铭》），即与人不苟和，遇有不同意见，则当面否定。

民间对包拯的认识似乎是从开封府开始的，其中一个重要原因就是他不畏强权。当时的开封府可谓是一个烫手的山芋——达官显贵、皇亲国戚多生活在这个地域。历届地方官上任时间往往很短就被迫离开。可包公早将生死置之度外，一心为国，最终制服了他们，造福一方百姓。开封府有件趣事，官府将历代官员名讳刻于石碑《开封府题名记》上，奇怪的是碑上没有包拯的名字。难道开封府一事是后世杜撰的？当然不是。原来，包拯处于“仁宗盛治”的时代，为了加强监督增加执政透明度，官府立碑并题上历任官名以供百姓品评功过。人们喜欢哪位官员口口相传，就会在石碑的名字上用手指点一番。包拯太有威望，时间久了名字处竟被生生磨出了一个大坑，名字就被磨没了。虽是一个坑，相信仍然有人乐此不疲地指着。为什么呢？《尚书》有言“以公灭私，民其允怀”，不是因为别的原因，只是因为百姓深深地爱戴这位清官，以此表达追思之情。包拯有济国之志、爱民之心，虽然身份高贵，但衣服、器用、饮食与布衣百姓一样。这一切绝不是偶然，他是切实地将自己置于普通民众之中，与布衣百姓打成一片。因此，“童稚妇女，亦知其名，呼曰‘包待制’”（《宋史》）。包拯深受百姓爱戴，百姓也把他作为自己的依靠和救星。当时的京都街头巷尾流传着一句话：“关节不到，有阎罗包老。”（《宋史》）包拯这样一位铁面无私、冷若冰霜的人物，在民间却被亲切地称呼为包老、包公，可见包拯心系百姓。

包拯心系百姓，敢于直谏。包拯这一个性，用他自己的话讲那就是“披沥肝胆，冒犯威颜，不知忌讳”（杨国宜《包拯集校注》）。包拯针对接送契丹使臣来往的三番途中敛财、危害一方的情况，上书《请止绝三番取索》。皇上初听其言，不再差使三番与契丹往来，而用身边大臣来做这件事。这本是件好事，但是不知为什么后来皇帝又重新恢复旧制。于是他又多次直言劝谏，上书《请免接送北使三番》《请罢巡驿内官》（杨国宜《包拯集校注》），认为三番太耗费民力财力，应取消闲职，减少百姓负担。包拯因为这一件事，几次三番地犯颜苦谏，可谓胆大包天。奇怪的是，包拯刚正不阿、敢于直谏的性格，在他的子孙那里没有改变，反而“乃妇乃子，渐渍有徽”（《宋故永康郡夫人董氏墓志铭》）。包拯的后世子孙——宋代的包恢受先祖影响，工作所到之处“破豪猾，去奸吏，治蛊狱，课盆盐，理银欠，政声赫然”（《宋史·包恢》）。而且仍然敢于直言，与君主说话“经筵奏对，诚实恳恻”（《宋史·包恢》）。为什么他们包氏敢于如此？包拯之所以敢于直谏的原因，与其说他忠于君主，不如说他更关爱百姓。包拯数次上书请求赈济饥民，如《请救济江淮饥民》《请支义仓米赈给百姓》。还上书为民废除不合理的经济负担，如《请免陈州添折见钱》《请罢天下科率》。他有自己坚定的理想信念，所以才能大义凛然，一往无前，终不改志。信念所致，何惧生死？

包拯为民立命，分秒必争。凡是谏臣，并不是每次建议都会被采纳，这很正常。晚年的包拯，其建言被采纳的概率不断下降。失望的包拯连续 7 次上表《求外任》之书，请求退离京师到江浙一带任职。在《求外任》中他说："以位疏言贱，罕或施行，上则负陛下求治之心，下则忤执政用才之意"，"忠良介特之士在下不能进"(杨国宜《包拯集校注》)。包拯认为自己久居高位却承担着普通官员的责任，能做事的人反而上不来，"每惭着于面目"，即很惭愧。包拯是一个非常注重实干的人，以尸位素餐为耻。他的许多优秀品质和为官之道看似纷繁，实则简约，都离不开一个核心就是百姓。包拯认为"持政之仁暴，惟在薄赋敛，宽力役，救灾患"（《宋故枢密副使孝肃包公墓志铭》)，将为百姓谋福放在为政首位。为了百姓他可以铁面无私绝交故亲，为了百姓他可以刚正不阿、犯颜直谏，为了百姓他可以不畏强权弹劾权贵。但当他的才智不能为君采纳与民谋福时，包拯也不会饱食终日虚度晚年，而是立足地方力所能及地造福一方，最终不仅获得了皇室的认可，也获得了百姓的认可。

包拯这样一位刚直之臣，在宦海沉浮的官场，却以善终归故里堪称传奇。这样一个耿直的家族，能长盛不衰也着实少有。究其根本原因，正是因为以包拯为代表的包氏家族有“三心”无“一心”。有的“三心”即公心、民心、恕心；无的“一心”，即唯独没有私心。首先，有了公心则犯君颜而君不怒。包拯曾七次弹劾王逵，可二人现实中却是“素不相接”（杨国宜《包拯集校注》）。包拯后世子孙包恢，宋理宗评价其说：“其言甚直，朕何尝怒直言！”（《宋史·包恢》）宋度宗还将包恢比作程颢和程颐，可见评价之高。其次，有了民心则百姓诚心爱戴。最后，有了恕心，则敌人不怀长恨。“恕”从字形来看，是“如”“心”，即“以己量人谓之恕”（贾谊《新书》）。包拯虽疾恶如仇，但能够将心比心，恕心相待，并不苛刻。“公虽甚疾恶，至人情不及，推以恕心。故其威严而无苛猛，民人爱之，有君子之风。”（《宋故枢密副使孝肃包公墓志铭》）包拯于君于民于敌都没有私心，有君子之风，就事论事就公论公，所以人们都爱戴他。故此，虽然有危险，终究能化险为夷荣归故里。包家因此也能够在历史的风涛中，乘风破浪、扬帆济海。

三、忠孝两全　泽及华夏

包拯孝亲古今少有。其父母年迈时，包拯是家中独子。当时的包拯 29 岁，正值韶华，却毅然决然选择侍奉双亲——刚中进士甲科的包拯，初入仕途就放弃赴任。自此开始，他用 5 年时光相继送走双亲，守丧 3 年，徘徊不忍离去又 2 年，共计 10 年时光。在乡人劝说下，重新出仕的包拯年已 39 岁，相比之下同年中举的人早已加官晋爵。包拯对父母的诚挚真情感人至深，这也深深影响了包家家风。包拯的儿媳崔氏也是个孝子。包拯儿子去世后，儿媳崔氏年纪轻轻，包拯夫妻本想让她改嫁。崔氏要以死明志，坚持奉养公婆不肯改嫁，一直奉养包拯夫妻到去世。包氏后代多以孝闻名。孝道是中华民族的传统美德，它不仅体现一个人的美德和修养，也是一个家族团结强大的黏合剂，更是一个民族、一个国家追本溯源、传承命脉的脐带。孝道，经过千年的发展，已成为中华民族的精神标签和不竭动力。

从职业生涯角度来讲，在别人眼中荒废10年宝贵时光的包拯，怕是要输在起跑线上了。然而，历史最终给了我们奇妙的答案。不仅包拯尽了孝道，而且其后世子孙，连整个中华民族都把包拯视为居官的标准。包拯或许官位不及同时进入甲科的那些进士，但我们又有几个人能说出与包拯同一年中进士的状元、榜眼或是探花的名字？孙中山曾说："要立志做大事，不要立志做大官。"包拯39岁从政，64岁去世，共计25年的官宦生涯，却留给后世无尽的精神财富。人生的价值不以时间论高低，为官的价值也不以爵位论高低，而是以对社会作出的贡献大小论高低。只有这样，才能为社会和人民所铭记。

包拯为官清正廉洁、铁面无私、爱民如子、心系百姓、公正刚直、忠孝两全，他既不贪图高官厚禄，也不沽名钓誉，这些仍是今人学习的典范。包拯已不仅是一个人的形象，也不仅是一个家族的形象，他树立的是一个国家的形象。包家的家风家训，激励着人们不断追求崇高的理想信念。

淡泊致远的父子宰相家风

安徽桐城文化久负盛名，是中国优秀传统文化的重要组成部分。以张英、张廷玉为代表的张氏家族是安徽桐城五大望族之一，以科举簪缨远近闻名。张氏家族显达于明代，于清朝时期达到鼎盛。张英和张廷玉是历史上有名的“父子宰相”。自张英起，张氏家族出现了“三世得谥”“六代翰林”的盛况，被誉为“五里三进士，隔河两状元”。[①] 在中国历史上，这一罕见现象打破了清代饱学之士梁章钜“富贵三代，自古流于庶民”的观点。张英、张廷玉父子为官清廉，以“敬慎”处世，所著家训《聪训斋语》《恒产琐言》《澄怀园语》使子孙累世受益。张英以“耕读传家”为兴家之道，主张做人当以读书为先。

---

① 纪连海：《历史上的父子宰相——张英 张廷玉》，中国民主法制出版社 2008 年版，第 2 页。

在《田为宝》中，他训诫子孙："独有田之为物，虽百年、千年而常新。"张氏父子深知"满招损、谦受益"的道理，张英曾说："一言一动皆思益人，而痛戒损人，则人望之若鸾凤，宝之如参苓。"（张英《聪训斋语》）"清廉为官""皆思益人"等处世之道为张氏家族赢得朝野内外美名。

一、为官之道　在于清廉

张英、张廷玉父子为清代名臣、著名文学家。康熙六年（公元 1667 年）张英考取进士，官至文华殿大学士兼礼部尚书；康熙三十九年（公元1700 年）张廷玉中进士，历三朝元老，封三等伯，朝堂为官 50 载。民间素有"富贵不过三代"的说法，但是，至张英这一辈为止，张氏家族在朝廷为官者就已有三代。总结张氏家族的为官之道，首推"清廉"二字，这要从张英的曾祖父张淳说起。张淳，字希古，号琴怀，于明隆庆二年（公元 1568 年）考取进士，是桐城张氏家族的六世祖。张淳考取进士之后任永康知县，得绰号“张一包”。“张一包”这个绰号被载入《明史》。《明史》由张淳的玄孙、张英之子张廷玉撰写。由此可见，“张一包”这个绰号必定是非贬义的，此绰号的由来与张淳的清廉为官之道密切相关。

在张淳之前，桐城张氏家族做了五代平民，因此张淳中进士一事对于整个张氏家族来说，无疑是天大的喜事。可是，被委任浙江永康知县却让张淳怎么也高兴不起来。永康县向来民风彪悍，在张淳到任之前已经先后有 7 位前任知县被赶走。面对“刁钻”的永康百姓，张淳仔细查阅卷宗，终于找到百姓“彪悍”的症结所在。原来，那些曾被百姓上告的官员无一不是断案拖沓、中饱私囊、与权贵勾结之辈；加上官员更替频繁，导致大量案件积压，过一次堂要好几天，结一次案拖好几年，这才是百姓不满的真正原因。张淳到任后，清廉为官，不与地方权贵相勾结，秉公办案、及时审理、结案神速。百姓送其绰号“张一包”，一来是说找张淳断案“带着一包饭就能打完一场官司”；二来也有张淳是“包公再世”之意。张淳这种“清廉”的作风，直接影响到后世的张家人。

从张淳开始，张氏家族世代为官清正廉洁，以清白美名传家，其家族廉洁自律的高尚品行深得帝王赏识。张英认为勤政廉洁才是为官之道：“使我为州县官，绝不用官银媚上官。”（张英《聪训斋语》）张廷玉在《澄怀园语》中也写道：“为官第一要‘廉’。养廉之道，莫如能忍。”[1]就连皇帝的赏赐，张氏家族也多半用于赈灾、造福乡民。不以官银媚上官，为官切忌苟取非分之财，清廉的为官思想贯穿于张氏父子为官生涯的始终。张氏子孙能做到独立谨慎处世，不与势利小人为伍，远避以名利诱惑的门下奔走之客及以挟术技以游的狡黠之徒，以“为忠为孝，为让为廉”之真君子品行名扬后世，这与张氏父子传承的优良家风是密不可分的。

---

① 纪连海：《历史上的父子宰相——张英　张廷玉》，中国民主法制出版社2008年版，第2页。

二、耕读传家　家道昌盛

张淳的儿子张士维（张英祖父）及孙子张秉彝并未走上为官之路，探其究竟，主因在于“守成”。古人有用玉如意来打比方，寓指“守业更比创业难”。其具体做法是：用一根手指抬起玉如意的头，很容易做到；再用一根手指抬起玉如意的尾端，亦非难事。但是，将一根手指伸入玉如意的中间部位，恐难以一指之力将其托起。这就说明大到一个朝代小到一个家族，无论是开创者还是终结者都相对容易，而承上启下的中兴者最为不易。如果没有张士维、张秉彝的承前启后，张氏家族又怎会出现“父子宰相”的盛况？张氏家族到张英这一代，家训思想已经十分丰富。“读书者不贱，守田者不饥”是张氏家族家训思想的重要组成部分。

在学而优则仕的封建社会，官宦世家也好、平民小户也罢，欲实现家族发展，或是保持鼎盛之态，读书实乃必经之途。张英认为，读书可以修身，因而做人当以读书为要务。他提出："读书不必多，择其精纯条畅，若贪多务博，过眼辄忘，及至作时，则彼此不相涉，落笔仍是故吾。"(张英《聪训斋语》)[①]读书之关键非在数量多寡，而贵在精用，如若不能将已学知识精准付诸日常实践，便如同画饼充饥一般，不具丝毫现实意义。显然，张氏子孙屡屡登科与这一教诲是紧密相连的。张英在《田为宝》中训诫子孙："独有田之为物，虽百年、千年而常新，无有朽蠹颓坏之虑，逃亡耗缺之忧。"[②] 耕田可使五谷丰登，五谷丰登便可养家糊口，以保性命；读书可使人知书达礼，修身养性，因此在日常耕作之余，当勤读圣贤之书，接受先人思想洗礼。"耕读传家"既讲如何谋生，又讲如何做人。这种且耕且读、延师训子的教导方式是张氏家族训诫子孙以保家族昌盛的重要手段之一。

---

① 张英、张廷玉：《父子宰相家训》，北京师范大学出版集团 2015 年版，第 131 页。

② 张英、张廷玉：《父子宰相家训》，北京师范大学出版集团 2015 年版，第 58 页。

张氏家族对于耕读传家的重视，不只是写进家训里的寥寥文字，而是将其奉为真理应用于实践。1655—1657 年间，桐城张氏家族接连送走了张秉贞和张秉哲，这令张秉彝心中悲痛万分。待心情平复，他决定让张英自立门户，独自承担家庭重任。只分田产，不给金银，这让不懂耕种稼穑手艺的张英苦恼不已。家无读书人，官从何处来？而田产的收获自然是读书的经济基础。思索之后，张英苦寻田地增产之法。经过调查比对，张英发现，世家子弟在分到田产之后，多半会去田地细心照看一二。读书者，也不可四体不勤，五谷不分。有一次，张英自田里返乡，偶遇友人，攀谈过后，发现对于友人口中的“田价”“地界”“林木”等皆无所知。数年过后，张英仍对当日的表现深感懊恼，关于管理庄田的五个须知便是张英的事后心得。经过治理田产的磨炼，张英已经对读书的目的看得透彻。不论贫穷富贵，世间之人均对读书人推崇备至，故而张英常常将“读书者不贱”挂在嘴边。张氏家族自张英之后，“以科第世其家，四代皆为讲官”（《清史稿·张英传》)。张英著有《书经衷论》《笃素堂文集》《南书房注记》等，《聪训斋语》真实地记载了张英耕读传家的家训思想，使子孙后代受益匪浅。

三、一言一动　皆思益人

张氏父子为人谦和，素来以益人为本，虽受皇帝倚重，却事事谨言慎行，从未敢生骄纵之风。张英在《聪训斋语》言：“与人相交，一言一事皆须有益于人，便是善人。人能处心积虑，一言一动皆思益人，而痛戒损人，则人望之如鸾凤，宝之如参苓。”① 对确有真才实学堪称栋梁之材者，他奋力举荐却不邀功于人；立足于朝堂数十载官居要职，却鲜与家人提及朝中政事，更是谨慎到不将关乎政事之片稿留于家中；每日三省吾身之余常静思百姓疾苦，时刻谨记做人臣本分；在为百姓请命方面，真正做到行动远比言语多。张英一生为官，三起三落，而对于官场得

① 张英、张廷玉:《父子宰相家训》，北京师范大学出版集团2015年版，第131页。

失，张英能做到不悲不喜。吏部尚书库勒纳向张英提及某鹿姓御史，因履职不当而被流放一事，感慨命运变幻莫测。而张英却能逆向思维，在鹿御史的问题上，他认为，一位官吏在自己的职位上不能为民请命，只会一味迎合权贵，庸庸碌碌，这才是给自己招致祸患的真正原因。如果鹿御史能在大是大非面前明确自己的职责，坚持正确的处世立场，必会得到百姓的拥戴。即使得罪权贵，也不过与现在下场无异，然美名将永存于世。不思益人，终将害己，这一观点得到了库勒纳的高度赞同。

“一纸书来只为墙，让他三尺又何妨。万里长城今犹在，不见当年秦始皇。”（张英《让墙诗》）关于“六尺巷”的故事一直流传至今。故事其实很简单，讲的是张英在京城的住宅是皇帝亲赐，并非张英个人所有。在张英心里，桐城老家的那座宅院才是自己永久的家。某日张英接到故乡来信，称自家和邻居家由于宅基地的边界问题发生了争执，希望张英出面解决此事。张英素来有不以权贵欺压于平民、不为权力争斗而结党于朝野官宦、处世以益人之事当先的磊落品质，这与张氏家族的家风是分不开的。所以张英才写了这首《让墙诗》，教导家人要有容让的品德。结果，张家率先退让三尺，邻居深受感动，也主动退后了三尺，就这样在当地形成了一条“六尺巷”。张廷玉不改其父之志，将“一言一动，皆思益人”的思想进一步发扬光大。张英去世后，张氏家族正式迎来了张廷玉时代。在为父守丧期间，桐城陈家洲遭遇水灾，很多灾民到县城觅食祈求生存。张廷玉召集家中弟侄，号召乡邻开设粥厂，赈灾救民，帮助陈家洲难民渡过难关，深得百姓拥护。总之，“一言一动，皆思益人”的处世之道，使张氏父子声名远播。

“一言一动，皆思益人”还体现在张英、张廷玉的家国思想上。为官者以何种方式可以获得百姓的拥戴与支持？张氏父子深知仅以清正廉洁之美名传世恐怕是远远不够的，还要率先垂范，不为己私，以百姓之需为出发点，敢于为民请命方可得民心。张廷玉提出：“‘公而忘私，国而忘家’者，非有意志忘之也，亦其势不得不忘耳，况受恩愈深，职责愈重。”① 为官者切莫以己之职权谋私利，位高权重则当忧国忧民，公定优于私、国定先于家的为官思想使张氏父子受到朝廷倚重、赢得百姓拥戴。“臣子事君，能供职者，以供职为恩；不能供职者，即以退休为报恩。”② 承蒙皇恩得重权，为有贡献于社稷以报恩，推能者居官位，是张氏父子报答皇恩的方式之一。康熙帝第五次南巡之时，因征缴南巡费用一事，总督阿山恼怒于知府陈鹏年，而后经张英举荐陈鹏年被委以重任，终成清代名臣。这种以国事为先的“益人”思想使张氏父子为清廷广揽人才，而清朝缔造出的“康乾盛世”必然是与贤臣的努力息息相关的，由此可见张氏父子对清朝的繁盛所作出的贡献。

张英、张廷玉父子深受康雍乾三帝青睐，以张英、张廷玉为代表的桐城张氏家族无疑是清代

---

① 张英、张廷玉：《父子宰相家训》，北京师范大学出版集团 2015 年版，第 131 页。

② 张英、张廷玉：《父子宰相家训》，北京师范大学出版集团 2015 年版，第 56 页。

显赫的名门望族。其实，令张氏家族声名远播者远不止于张英、张廷玉二人。张英曾祖曾任陕西左参政，其祖父官至广东按察使，其伯父亦曾考取明万历年间的进士；张英有六子，其中长子张廷瓒、次子张廷玉、三子张廷璐、五子张廷瑑皆中进士，一门四进士，足见优良家风对张氏子孙的深刻影响。在封建社会，家训家风是先祖们对自身生活经验的总结，可谓是家族行事之准绳。通过言传身教使这种家训家风文化得到传递与延续，希冀潜移默化地对后世子孙起到良好的教化作用。换言之，传承优良家训家风归根结底是希望子孙能够把握乐生、致寿之道，世代过幸福生活。张氏家族在择友保家等问题上也有诸多见解留于后世。总之，张氏一族秉承“耕读传家”“廉洁自律”“皆思益人”等家训家风，保持了家族的鼎盛与繁荣。“一言一动，皆思益人”等思想是对我国传统家训文化的继承与弘扬，优秀的家风文化会在时代的潮流中得到检验，并会以崭新的姿态福泽后代。

恭谨自律的曾国藩家风

湖南湘乡曾氏家族是中国近代史上极具盛名的望族，其远祖为先秦儒家思想创始群体的重要成员之一——曾子。清初，曾氏家族由衡阳迁至湘乡，祖上并非显赫富裕之家。正如中国众多普通家族一样，曾氏家族迁至湘乡的五六百年间，连个秀才也未曾出过。曾国藩出生时，曾氏家族虽尚难称得上名门望族，但祖父曾星冈秉承先祖训示而传承下来的优良家风，苦心经营，终在经济上实现富足。在此种家境下成长，曾国藩自然而然地浸染了深厚的传统文化思想和家族观念。随着曾国藩社会地位的不断变化，曾氏家族蒸蒸日上，摆脱了寒门冷籍、世代务农、不显于世的境况。

曾国藩是晚清重臣，被称作“中兴四大名臣之首”，是曾氏家族的杰出代表。为保持家族长盛不衰，他极重视优良家训家风文化的传承。经过长期实践，曾国藩在求学、治家、为政、修身等方面逐渐形成了与自己主张的一套家风思想体系——求学主张立志有恒；治家强调勤俭和睦；为政务求恭谨自律……其家训思想对曾氏后世子孙产生了深远影响，绵延了曾氏家族数代繁荣之景象。具体而言，曾氏家训家风所传承的主要内容大致体现在三个方面。

一、学问之道　立志有恒

曾国藩，原名子城，字伯涵，号涤生，乳名宽一，28 岁时改为国藩，死后谥文正。清嘉庆十六年农历十月十一日（公元 1811 年 11 月 26 日）出生于湖南湘乡县白杨坪的一个地主家庭。祖父名玉屏，字星冈。父亲名麟书，母江氏，生 5 男 4 女，在 5 个兄弟中，曾国藩排行居长。曾国藩在家书中多次提及祖父、父亲对他的教诲。曾氏家族原本是个土财主，祖上并无为官之人，曾国藩祖父及父亲一心想让他刻苦读书，考取功名，日后可为官光耀门楣。他自 7 岁起至 16 岁以前一直在其父亲执教的家塾中读书，16 岁这一年参加长沙府童子试考了第七名。换作今日之父母或许认为“若是第一名，则前途必然光明，可偏偏考取的是第七名”。然而，曾国藩的父亲曾麟书却并不这样认为。曾国藩考取的第七名在父亲的眼中也还算是个不错的成绩，不可以一时得失论成败。怀着这样的想法，曾麟书决定把曾国藩送到更好的老师那里去接受教育。20 岁时，曾国藩在衡阳师从汪觉庵，21 岁入湘乡涟滨书院求学。清道光十三年（公元 1833 年）中秀才，24 岁入岳麓书院，中举人。曾国藩在青少年时期系统地接受了国学知识教育，湖南学风的熏陶对其思想的养成和发展，也起到了重要的作用。

25 岁和 26 岁时考进士，虽名落孙山，却使曾国藩开阔了眼界。回乡后曾国藩发愤苦读，积累了深厚的古文及历史知识。清道光十八年（公元 1838 年），他再次赴京参加会试，终于考中第三十八名贡士；殿试获三甲第四十二名，赐同进士出身；朝考得一等第二名，改庶吉士。至清道光二十年（公元 1840 年）庶吉士散馆，列二等第十九名，授翰林院检讨。自此开始了他 12 年的京宦生涯。从曾国藩考取功名的时间表中不难看出，他的功名之路不能称之为一帆风顺。如今看来，进士的落榜、名次的偏后正是曾国藩人生中的大幸。正是经历过坎坷，才能使他懂得韬光养晦的重要性。在曾国藩的求学道路上，父亲曾麟书的作用是不可低估的，如果父亲以童子试第七名的成绩来对他进行评估与判断其学业，曾国藩的一生将会被改写。

曾国藩被尊为清代的理学家和文学家。他承继“桐城派”，并创立了“湘乡派”，奉行程朱理学却不盲从，深厚的学养是其一生成就的文化基础。他对于学问的追求并没有止步于功名的考取，做学问一事贯穿曾国藩的整个人生。他在其家书中多次提到，读书的最终目的是改变世界、造福国家，而非唯独有利于个人。“学习读书，须先立志”，因为“有志则断不甘为下流”[①]。在

① 曾国藩：《曾国藩家书》，四川出版集团 2008 年版，第 15 页。

治学上，曾国藩首推“立志”；其二强调“有恒”。道光二十四年（公元 1844 年）十一月二十一日，曾国藩在寄给诸弟的家书中写道：“学问之道无穷，而总以有恒为主。虽极忙，亦需了本日功课，不以昨日耽搁而今日补做。”① 而作为子之父、弟之兄，堪称族中师长的自己又必先作出表率。因此，曾国藩要求自己无论身处何处，都应率先示范，做到读书“立志”与“有恒”。曾国藩在考进士名落孙山之后仍能回乡发愤苦读，这与其“立志”“有恒”的读书思想是密不可分的。

二、治家之道　勤俭和睦

曾国藩 37 岁时升任内阁大学士，这个官位并无太大实权，然而大学士的名号还是受到了世人的尊重与敬仰。在此期间，拜其为师者人数众多，曾国藩也借此广交友人，为日后的发展奠定

① 曾国藩：《曾国藩家书》，四川出版集团 2008 年版，第 33 页。

了坚实的基础。待次子曾纪鸿出生时，曾国藩已有整理曾氏祖训的想法。曾国藩对于家事非常关心，这与祖训殊有关系。“昔吾祖星冈公最讲求治家之法：第一起早，第二打扫整洁，第三修诚祭祀，第四善待亲族邻里。凡亲族邻里来家，无不恭敬款接，有急必周济之，有讼必排解之，有喜必庆贺之，有疾必问，有丧必吊。此四事之外，于读书种菜等事，尤为刻刻留心。故余近写家信，常常提及书蔬鱼猪四端者，盖祖父之传家法也。”（《家训》卷上）曾国藩如此留心家事，还与祖训的另外一个观点大有关联。曾氏家族认为做官只不过是偶然之事，居家才是长久之计。贪图仕途享乐，罢官之日，便会门庭冷落，气象萧条；如若重视耕读传家，可保家业长盛不衰。因而曾国藩虽为官多年，家中弟侄仍大都留守湘乡以保田产。

在治家问题上，曾国藩对于“勤俭”二字格外重视，他在同治三年六月初四致澄弟信中曾说：“有福不可享尽，有势不可尽使，福多不享，故总以俭字为主。”[①] 曾国藩将曾氏祖训总结为“书、蔬、鱼、猪，早、扫、考、宝”，并常用这八个字来教导家中弟侄，鼓励家人要乐于耕种，勤俭持家。他常常叮嘱家人切不可怠慢家中种菜养殖诸事；能养鱼养猪、种竹种蔬，这是家族勤苦简约的象征，也是家庭富有生机的一种表现。只要勤俭家族便会旺气生，生旺气之家族必然兴旺；反之则会家道中落。

历史上能反映曾国藩重勤俭的事例有很多，比如曾国藩在民间被称作“一品丞相”。这个称呼的含义有两层：首先曾国藩是朝廷一品大员，故而得名“一品丞相”；还有一个特殊的原因就是曾国藩每顿饭只吃一个菜，多半是以清淡的豆腐为主。他有一条裤子整整穿了 30 年，在这 30 年里，有重要事情时便把这条裤子拿出来穿，其他时间都要收起。不光对自己严格，他还要求家人与他一同践行。家里从不雇用仆役，男丁需要自己下田耕作，女人也要在家纺织。曾国藩所穿

---

① 曾国藩：《曾国藩家书》，四川出版集团 2008 年版，第 172 页。

的鞋子基本都出自其夫人之手。曾国藩的率先垂范，使得“勤俭”二字深深植根于曾氏族人的思想观念中。

此外，曾国藩还看重家族成员之间的和睦相处，认为家族和睦方为兴家之上策。一家之中，父子、夫妇、兄弟，这三种关系被视作人伦中最重要的关系。在中国传统思想文化中，尤其强调“孝悌”二字，正所谓“孝弟也者，其为仁之本与!”(《论语·学而》)。明代徐祯稷曾说：“事父母者莫善于顺，宜兄弟者莫善于让。故顺，孝之实也；让，友之本也。”(《耻言》)在顺父母睦兄弟方面曾国藩可谓是楷模。四弟、六弟欲去京城求学，曾国藩顾念家中祖父母、父母尚且健在，只愿诸弟可居家常伴左右以尽孝道，故而屡次拒绝，导致四弟、六弟皆不愿与其书信往来。随后曾国藩痛思：“兄弟和，虽穷氓小户必兴；兄弟不和，虽世家宦族必败。”① 遂与两弟详细商议，妥善安排家中大小相关事宜，使得家族重归和睦。

---

① 曾国藩:《曾国藩家书》，四川出版集团2008年版，第23页。

三、为政之道　谦谨自律

曾国藩在京为官 10 余载，正值清廷由盛转衰之际。他立足当下，敢于直面谏言，并从政治、经济、军事上推陈出新，革除弊政。咸丰元年在致诸弟的信中写道："盖以受恩深重，官至二品，若此时再不尽忠直言，更待何时乃可建言？"[①] 曾国藩为政一直感念皇恩，以天下为己任，图清廷之昌盛。在为政上，曾国藩告诫族人切不可生骄纵之风，他认为谈及政治涵养，莫过"谦谨"二字，因此，对人时时要谦慎有敬。曾氏本人及知交有识者皆因其权重深以为危，他们认为唯有对人事事以恭敬、时时懂谨慎方可使得家族免招祸端。通过家书往来，曾国藩发觉曾国潢初露骄纵之风，便及时告诫："天地间惟谦谨

① 曾国藩：《曾国藩家书》，四川出版集团 2008 年版，第 60 页。

是载福之道，骄则满，满则倾矣。”[①] 世间为官者，为一己私利难以做到“谦谨”，而曾国藩本人正是以“谦谨”处世，才实现了为政道路上的官运亨通。

曾国藩在为政道路上的另一大贡献便是知人善任，为国家广揽人才。保持恭谨使曾国藩在官场上应对自如，始终处于不败之地。曾国藩不仅自身做到时时事事恭谨，而且也注意教育影响下属。在曾国藩 50 岁的时候，有一个叫鲍超的将领，因功由总兵升至提督。鲍超这个人除自己的名字以外，概不识他字。有一次鲍超打仗被围，情况危急，遂命人写信给曾国藩请求支援。写信人提起笔来开始斟酌该如何书写，鲍超心急，立刻夺过笔来写了一个鲍字又画了一个圈圈，然后派人火速送给曾国藩。曾国藩看罢，明白这是鲍超遭围困之意，于是当机立断解救鲍超于危难之时。鲍超虽胸无点墨却骁勇善战，升迁后便好大

---

① 曾国藩：《曾国藩家书》，四川出版集团 2008 年版，第 132 页。

喜功、得意忘形起来。曾国藩看到这一切并没有视而不见，他写信给鲍超直言他统帅的部队多、声名大，要保持恭谨谦虚，这样可以为自己积德积福，以免招致祸患。曾国藩能对鲍超直言，实因看到鲍超乃国之将才。曾国藩在为政道路上不仅自身践行“谦谨”，也以自身美德福泽他人，赢得了后世美名。

曾氏家训强调，欲正人须先正己。曾国藩坚持以日记形式记录日常所思所想以及所为，事无巨细。日记中又以责己为主体内容，以便时时自省，内容涉及未能治学以专、做事有始无终等。其中内容大体包括：“学问各图，皆略涉其涯涘，独天文算数，毫无所知；每做一事，治一业，辄有始有终……”① 上述文字实属曾国藩常思己过之举。他在《教子日课》中曾言：“修身之道，莫过于养心，心可感知世间善与恶，如若不运用自身力量去感知善恶即为自欺，能知是否自欺者只有自身。”这段言论便是教导子弟做人应懂得

① 曾国藩：《曾国藩家书》，四川出版集团 2008 年版，第 100 页。

自律。曾国藩在带兵中尤其注意“自律”修养，他认为自律是人生成败之关键。曾国藩既重训练之法，亦重做人之道。湘军每逢三、八操练，他必亲到校场讲演，每次必持续一时数刻之久，虽贵为湘军统帅，却严于律己、亲力亲为，曾国藩能够成为清代第一位文封武侯的官员，由此便可见一斑。

曾国藩先祖世代务农，出身于田间，深知百姓疾苦，朴实坦诚。曾国藩祖父曾星冈虽年少失学，却体会人生百味，经验丰富，故而言语精辟，看问题见解独到。曾国藩念念不敢忘祖训，即使组建湘军仍是挑选乡村朴拙之人，弃用市井浮华之徒，追溯其祖上选人之道，谨守曾氏家训家风。曾国藩曾说：“凡人多望子孙为大官，余不愿为大官，但愿为读书明理之君子。”① 计利要计百年利，求名要求万世名。曾国藩在秉承祖训的同时，将一生为官做人心得通过家书方式一并传与曾氏后人，给曾氏子孙留下极其宝贵的精

① 曾国藩：《曾国藩家书》，四川出版集团 2008 年版，第 78 页。

神财富，其价值远非珠宝金银所能匹敌。在优良家风的浸染下，曾氏家族人才辈出。据统计，曾氏家族仅在清朝年间便出现秀才、监生、举人、进士等 20 余人。曾氏家族不仅限于曾国藩、曾国荃这样的晚期重臣，爱国外交家曾纪泽、近代数学家曾纪鸿、著名学者曾广琦、曾约农、曾昭抡等，都是曾氏家族的重要成员。曾氏家族自曾国藩之后近 200 年间，共出现有声望之人 240 余位。曾氏家族之所以如此兴旺发达，原因固然有多种，但优良家训家风的教化作用是最重要因素之一。家风是依附于家庭而存在的，随着历史的发展、社会形势的变化，家风的具体内容也是与时俱进的。但曾氏家族“立志有恒”“恭谨和睦”“求过自律”等优良家风，仍有重要的现实意义。

讲信修德的海宁查氏家风

查氏是浙江海宁地区的名门望族。据史料称，查氏原为姬姓，后被周惠王封为查，子爵。后世子孙查继佐在其《国寿录》中做了翔实的记载："余姓自晚周有封于查，以地为氏，历代多并族，居歙，国初稍迁，至六十余支，吾千十迁海宁之园花里，生蕃衍，多沐国恩，十传至秉彝为言官。"唐宋时期，居住在新安一地为查氏大宗，后有两个分支迁移到休宁和婺源，清代查克敏在家谱中也记载道："吾查之先，以地为氏。下迄唐宋而族大于新安，后之分迁各派以新安为宗，则《新安统谱》之原始即为迁派之原始矣。但中间有休（宁）、婺（源）、分支，而我海宁又分支下之迁支。"（《海宁查氏族谱·查克敏按》）元惠宗十七年（公元1357年），海宁查氏始祖查瑜因逃避兵乱从江西婺源迁居到海宁袁花，自此，查氏家族逐步发展繁衍，到清代雍正年间成鼎盛之势。海宁查氏是一个文化性的文学世家，特别是在清代时期，形成了家族式创作群体，人才辈出，科甲蝉联。康熙帝曾书写楹联："唐宋以来巨族，江南有数人家"，亦曾亲自题写"澹远堂""敬业堂""嘉瑞堂"赠匾夸赞，可见当时查氏的声望与盛名。查氏家族在清代的兴盛与其文学鼎盛时期大体上是同步的，基本可以概括为三个阶段：其一，明末清初交替之际，以查约、查秉彝、查继佐为主要代表；其二，在康熙年间，以查慎行兄弟、查升为主的创作高峰期；其三，在雍正年间"维止案"之后，形成以查有新、查奕庆、查揆和查有荣等为核心的创作群体。直至今日，查氏仍出现了诸如穆旦（查良铮）、金庸（查良镛）等为人所熟知的诗人与作家。

海宁查氏是一个典型的文学家族，在明清时期逐步发展成名门望族和文宦世家，这不是偶然现象。洪永铿认为："在明清科举制度下，文学成就代表一定的科考能力，是家族文化能力的重要体现，只有具有较强文化能力的家族才能成为世代簪缨的望族。”① 查氏文学望族的出现，必然要符合三个要素，即“一世其官，二世其科，三世其学”（薛凤昌《吴江叶氏诗录序》），也就是官宦、科举和学识。其中，学识、文化功底是核心要素，它决定了科举名第，而科名又决定了官宦等级地位，这三个要素成为缺一不可的三位一体，共同决定着文学家族的兴衰成败。纵观海宁查氏的发展史，正所谓“一门之文，一代之史”。查氏家族以一种发扬蹈厉的文学创造力在跌宕起伏的历史沧桑与风云变幻的政治环境中，历经两次“文字狱”的洗礼，依然能够恢复元气，形成一个又一个创作高峰。查氏家族教育的特点主要表现为侧重具有学术素质特性的文化教育与倾向官场功利特性的仕途教育并重，其中的关键还在于海宁查氏家族能够自上而下注重以儒为业、忠主孝亲的教育传统。家族成员能够恪守宗族观念、存续优良家训、家风和学风，以及传

① 洪永铿等：《海宁查氏家族文化研究》，浙江大学出版社2006年版，第5页。

承优秀教育方式方法，这些因素对这一家族的发展繁荣起到了至关重要的作用。我们对查氏家族的教育理念进行凝练，即可以概括出三大特点，即恪守祖训、家藏万卷和交游唱酬。

一、绳其祖武　恪守祖训

在中国传统家庭中，人们的社会关系是在家庭、家族的基础上形成的。这种家庭成员之间所缔结的关系，既强调宗法等级秩序和家族观念的稳定性，又注重家庭整体利益的至上性。因此，恪守祖训和家规，既成为大家族得以发展延续的先决条件，又对提升家族整体的凝聚力和向心力发挥了潜移默化的影响。海宁查氏家族亦然。

其一，海宁查氏家族观念浓厚，重视家庭成员的孝悌教育，并在家族规范条例中有严格的要求。《查氏族谱增辑》中要求族人必须“忠主孝亲”，“凡为童稚，读书为本”，并记录了查继佐的父亲查尔翰在临终前叮嘱后人要“孝悌为根本，忠厚以周旋”。查秉直的《九一公家训》中也强调："做人甚难，惟在立心向上，务做第一等人，尚恐流于庸众，况可苟且自便乎！"查元偁要求子女"出则有方，入则须悌"，他在《贫乐公家训》中写道，"我今老，戒尔诸孙，凡为童稚，读书为本，勤俭为先，兼知礼义。及其成人，五常莫废，出者有方，入者孝悌，兄弟之间本为一体，切莫相争，自相弃矣"，"和于邻里，睦于亲戚。择良而交，见恶则责己。毋忘农事，毋失祖业"。

其二，查氏族谱、家规中还多常见长辈对儿孙的耳提面命和谆谆教导。这种一以贯之的教育模式对家庭成员学习习惯和思维方式的养成十分奏效。譬如，查继佐在敬修堂讲学时曾提及自己的学习方法，自署云："学不厌，诲不倦，何有于我？诵其诗，读其书，私淑诸人。"（沈起《查继佐年谱》）据《十一世二仪公传》记载："后之公（查允先）课诸孙甚严，凡孙所读书即手其副，亦诵不忘。夜分而寐，诸孙以次侍寝，闻钟声即抽绎相难。"（查元偁《查氏族谱增辑》）又如，茅坤在《郡丞岐峰查公墓志铭》中记载：查秉彝常年做官，公务在外，其子查志文“时君方年少，留为家督，所携仲弟宏、季弟立，朝夕唯诵有明法，间亦稍稍抗父道临之，而两弟亦父事君，崭崭然不敢违尺寸，京兆公喜甚。未几，两弟亦先后中科第，而父子兄弟赫奕当世矣”。

正因为有如此严格的教育方式，海宁查氏家族成员才形成了治学严谨的学风，并且这种“励学”家风不但自幼形成，且优良的学习传统代代相传。例如，查继佐 5 岁“逾年《四书》成诵无遗忘”，“十五擅诗文，下笔风云走”（沈起《查继佐年谱》）；查容“八岁就外傅，好识难字，馆师屡为所穷”（查旦《寄伊璜兄》）。海宁查氏家族自幼好学成风，为家族学术传统和学术氛围的形成奠定了坚实的基础。事实证明，深受家学、家风浸染的查氏族人表现出同源性质的家族文化特征，并将这一优良传统在后世子孙中相沿成习，从而激励族中子弟传承祖先精神，将家族发扬光大，使其蔚然成为门庭之风。

二、贮书万卷　书香世家

家族藏书是指“某一家族共同集资购书，共同管理，共同利用的藏书行为。它包括某一藏书家将自藏书籍置于祠堂、义塾，供族人利用的行为”①。海宁查氏极为重视诗书传家这一家风传统。海宁古称为盐官，清朝隶属于杭州府。众所周知，苏杭一带自唐宋以来便是文人骚客挥毫泼墨的繁盛之地，尤其到清代，更成为文化中心，堪称人文之渊薮。康熙认为读书人要“学圣贤之道，然诗文亦不可废”[《清实录·圣祖实录(三)》]。在此种文化盛事之下，清代世家大族，如新城王氏、桐城方氏、吴中叶氏形成了创作诗词歌赋的庞大群体。他们皆在以巩固既得权势和声望的基础上，为本家族的仕途之路增添砝码。海宁当地自宋代以来儒学风盛，至康熙年间又先

① 刘尚恒：《家族藏书重教与家族人才成长——清代中期泾县朱氏培风阁藏书》，载《图书馆工作与研究》2001 年第 6 期。

后成立黄冈、仰山、东山等诸多书院，传道授业，且藏书之风盛行。正如吴晗先生所说：“藏书之风气盛，读书之风气亦因之而兴。”（吴晗《江苏藏书家史略序》）而在众多文学世家中，又以查氏为著，堪称“东南藏书之冠”。细数查氏藏书楼，有查继佐敬修堂、查嗣瑮查浦书屋、查嗣庭双遂堂、查慎行得树楼、查昇澹远堂、查为仁花影庵等诸多私家藏书楼，正所谓“国初吾邑东南藏书家，首推道古楼马氏、得树楼查氏，盖两家插架多宋刻元钞，而于甲乙两部积有异本，其珍守已逾数世，不仅为充栋计也”（管庭芬《拜经楼藏书题跋记·跋》）。这些藏书中，又以查慎行的得树楼声名最为显赫，更有时人形容查慎行爱书“卒之日，无新衣，橐无余储，唯手勘书万卷而已”（钱仪吉《碑传集·查先生行状》）。查氏家族藏书量之多、质量之上乘，在中国历史上实属罕见。总体来说，藏书为查氏这一文学世家的发展延续起到了重要作用。一方面，丰富的读书资源可以使家族成员足不出户便可博览群书，这种耳濡目染、朝夕揣摩的教育方式促进了读书风气的形成，从而孕育出浓厚的学习氛围，更为家学传承和人才输出提供了保障。另一方面，查氏家族把读书视为教育之资、求知之本，把读书看作是子孙后代立身成业的传家宝。这不仅备受后人崇敬和仰慕，也为民族文化的传承作出了突出贡献。

三、唱酬往来　以诗交游

王钟陵先生认为，家族色调是中国原生态文学的基本底色，乡邦文化与地域文学集群的形成，师友唱和与文学潮流之变动等多种因素错综交织在一起，形成了众多家族式文学群集和文学社团，他们之间相互竞争发展、冲突融汇，呈现出兴盛与沉沦的历史过程。① 查氏家族善于广交名师、名友，喜好交游、合唱之风亦是其文学世家延绵不绝的又一重要因素。譬如，查有钰编纂的《海昌查氏诗钞》中有一段文字，翔实地描

① 参见王钟陵：《中国文学史的原生态生长情状》，载《学术研究》1994年第6期。

述查余谷花甲之年仍好学交游："既老归，键户著书，手不释卷。后游乳溪，遇诗人沈浪仙，商榷风雅，时年七十余矣，仿前辈董从吾道人师事姚江先生故事，折辈行下之，满州观苇杭大令，绘七十学诗图纪其事，艺林传为佳话。"又如，查嗣琪师从理学大师刘宗周；查继佐与查继伸两兄弟与儒学大师黄道周相交深厚。查崧继为人慷慨，喜好交游，时人描述他的爱好："朝夕读书谈道，岁时则招集二三知己饮酒赋诗。"（朱奇龄《赠内阁学士礼部侍郎十一世逸远公传》，卷二）

查崧继与黄宗羲、钱澄之、陆嘉淑等诗人交谊笃厚，其子查慎行与查嗣瑮还曾投身于这三人门下学诗。康熙十五年（公元1676年），黄宗羲应知县之请来海宁讲学，前后历时5年，弟子中便有查慎行等人。而查慎行对其师的敬仰之情也溢于言表，有诗曰："经经纬以史，文笔两浩荡"（查慎行《送同年宋山言视学两浙》，卷四十），"气吞湖海豪犹昔"（查慎行《炙送田间先生归桐城兼寄高丹植明府》，卷十二）。后来，查慎行更成为陆嘉淑之婿，并受其提携。《查慎行年谱》中记载，查慎行一生教育弟子认真且严格，“待子弟严而有恩，有过虽成人不少贷”。虽年过六旬，疾病缠身，但依旧喜欢交游，以歌会友。他应族中兄弟邀请进入五老会，“与宗兄弟劝酬齿序，杖履肩随，校农桑，量晴雨，间与田父野老咏歌盛世。且举家课，集子弟之能文者试之，有志者期以上进，自弃者勉其改行”。

除广交名友之外，查慎行还同其他江南老年官绅一起热衷于家族或其他公共事务，如建祠堂、祭祖坟、修族谱、办义塾、兴祭田等工作，并乐此不疲。可见，正是由于尊长对后辈不遗余力地提携，加之教育方式和文化环境的熏染，为查氏一代代文学大家的崛起奠定了坚实的基础，而同辈之间的唱酬往来、以诗会友，不仅有助于增加兄弟姐妹之间的情谊，增进朋友之间的情感，更可以将切磋之技跃然纸上，有效地提高了诗艺技能。总之，族外名师点拨、广泛交游阅历，对查氏家族成员文学素养的提升是大有裨益的。

综上可见，查氏家族不但具有重家学、重家风的渊源和传统，还有重视读书为本、诗礼传家的教育方式，经由数十代儿孙子嗣的不懈努力才沉积了深厚的文学素养，使得家族代代诗才相继，延续百年，文脉不绝，诗魂不断，终成就了查氏家族辉煌的历史。时人言：“海昌望族首查氏，其累历名宦，奕世继巍科者鼎相望。”[①] 海宁查氏正是在地域文化和家族文化的双重熏陶下，才得以人才辈出，一门风雅，逐渐成长为名声显赫的文化世家。

---

① 许传霈、朱锡恩等：《海宁州志稿》卷二十，成文出版社1983年版，第2343页。

淳风厚俗

仁德范世

古往今来，人们在说话行文时往往乐于引用名人名言或俗语典故，继而在实际生活中自然而然地将其当作金科玉律来运用，殊不知其中有一部分是莫名被“断章取义”后流传至今的。如俗语“富不过三代”，就原本衍生自《孟子·离娄章句下》：“君子之泽，五世而斩”，完整版则为“道德传家，十代以上，耕读传家次之，诗书传家又次之，富贵传家，不过三代”，因而，其所警示和期望后人自省的并非“富贵”二字，亦即不是让后人着眼于财富的积累和占有，而是训诫后人要以“道德”治家，以优良的家风传家。亦如“授人以鱼，不如授之以渔”（《道德经》），二者是一个道理。由此可见，一个家族能否长久兴旺，不是依靠一代人或几代人积累物质财富的多寡，而是依靠一个家族是否拥有优良的家风，同时能否将优良的家风世世代代身体力行、薪火相传。

中国传统家风文化始于家训家教又不限于家训家教，仅谈家训家教是不能三言两语解释通透的，何谈更加注重传承性和实践性的家风？中华民族的家风典范包括帝王家族家风、名门显宦家风、商界翘楚家风、庶族百姓家风、志士英烈家风等，但是最具代表性和说服力的还是义门家族家风。义门家族是帝王旌表的典范，是庶民百姓效仿的对象，是自上而下和自下而上互相连接的交点，他们相亲如骨肉，相需如手足，竭力而行但不逾矩。在积极倡导传承和弘扬优秀传统家风的今天，以义门家族家风为典范，更加贴近实际、贴近生活、贴近中国老百姓。义门家族的家风事迹就是祖祖辈辈中国老百姓的生活缩影，义门家族的传家之道就是祖祖辈辈中国老百姓秉持的“中国精神”。

概谈“义门”：淳风厚俗仁德范世

所谓“义门”，是以血缘为纽带的中国传统社会所特有的文化现象，这类家族大多出于民间，累世同堂，以“义”为名。他们并非名门显宦或商界翘楚的后裔。他们始于庶族百姓，因礼义为先、治家有方、堪称表率而屡蒙皇帝旌表而垂范后世，故可言之：淳风厚俗，仁德范世。

中国历史，从某种意义上说即是一部家族史。或是由于对自给自足的自耕农经济的依赖，或是深受传统社会“家国同构”的集权政治的影响，抑或是由于崇尚“天人合一”的儒家伦理的熏陶，累世同居的大家族应运而生。他们通过家训文化、家族规范来明确等级、规范行为、培育子孙等。家族成员在高度认可的规训中和谐相处，从而使得家族繁荣发展。随其影响力的扩张，也受到朝廷及皇帝的认可，从而被赐予“义门”之名。“义门”之“义”，即“孝义”，“门”乃“门户”，即指家族，故而“义门”即是指以“孝义”治家的累世同居之家，且门风纯正堪为天下典范的家族。

“义门”的核心特征为一个“共”字，即祖先共祭、财产共有、成员共居。首先，祖先共祭。中国传统社会中的祖先崇拜一以贯之，《史记·礼书》中记载：“天地者，生之本也；先祖者，类之本也。”源于对赐予生命的感恩，盖敬祖先尽人子孝思之诚，祭祖成为“孝义”文化的重要表现形式。作为“义”字当先的义门家族，其对于祖先的供奉与祭祀亦是重中之重。在义门家族，对于祖先的祭拜具有鲜明的“共”字特征，不论是祠堂的设立还是祭祀大典的举办，都详细规范了每一个家族成员所应承担的具体义务，因而祭祀不再是嫡长子一人之事，而是整个家族的共同义务。其次，财产共有。义门家族的财产既是共有的也是共通的，义门家族的土地公有，共同生产，财务根据尊卑、老少、男女、壮弱等统一分配。最后，成员共居。“聚族而居”是中国传统家族的重要特征，其最早出现于两汉时期。如《后汉书》中所记载的：“缪肜兄弟四人皆同财业……是此风盖起于汉末”，在魏晋南北朝时期较为兴盛，“这一时期见诸史籍的义门同居大家庭，凡24家”。① 唐宋时期江州陈氏达到了3900口人同居共食。义门在宋元明时期最为繁荣，据《元史》记载：“其累世同居者，则有休宁殊震雷，池州方时发，河南李福……复别为之传云。”其间，成员同居随历史的发展从三世到五世甚至出现了延续十五世的浙江浦江郑氏家族。

在漫长的历史进程中，“义门”的出现是中华民族一种特殊的文化现象，但实质上亦是中国“家”文化的缩影，是对中华民族独有的“国家”的生动再现，并深刻阐释了“义”字当先的中华文化内涵。回顾传统，“义门”是中国古代家族制度中最亮丽的风景，它的出现为家族的生存与发展提供了一种符合社会经济状态、政治

---

① 黎小龙：《论中国封建“义门”同居大家庭的产生》，载《山东师范大学学报》1997年第4期。

需要、文化伦理的范本。对“义门”的探究是对于传统的尊重，或是“孝义”为本的传家之道，或是“勤俭持家”的经营方式，或是“奉公勤政”的为官之本，于今而言，仍大有裨益。

耕读传家的江州陈氏家风

江西德安陈氏家族，堪称世界家族史上的奇观，正如《中华姓氏通书》所描述的："义门陈氏天下奇，百犬同槽奇中奇。"陈氏义门，15 代合族而居，3900 口人同锅共食，自唐开元十九年（公元 731 年）起建家立业，历经政治风云、时代变迁，由一个小家庭逐步繁衍成一个庞大的家族。作为庶民家族的陈氏义门，始终坚持忠孝为本、耕读传家，以义为荣、世守家法，正可谓门风优良、家风醇厚。它是宋太宗眼中的"忠孝世家"，它是世人心中的"天下第一家"。它曾获诸如唐僖宗、宋太宗等二十几位帝王的旌表，亦曾受到诸如李白、陆游等将相名流的赋诗赞誉。纵使在北宋嘉祐七年（公元 1062 年）仁宗皇帝"以义门盛大，下矜保全之"（《四库全书·江西通志卷 159》），直接诏令分家，终结了义门陈氏累世同堂的聚居生活，但“义”对于陈氏家族的每一个成员而言早已内化于心、外化于行，成为根植于内心的修养和无须提醒的自觉，故而也有了“天下陈氏出义门”的说法。

陈氏义门的家训、家风文化主要表现在三个方面。

一、忠孝为本

江西德安陈氏家族自建庄至受命分家，历经332年，先后累受唐、南唐、宋3个朝代9位帝王20余次亲笔敕赐旌表，堪称中国古代社会的典范家族之模板，而这与其始终倡导的忠孝为本密不可分。

其一，“忠义”。在古代，一个家族想要发展壮大、世代延绵，除治家有方、子孙贤良等内在因素外，必离不开统治者的肯定与扶持，陈氏义门也不例外。陈氏义门从建家起，屡受朝廷旌表便是最好的证明。唐僖宗御笔亲题“义门世家”，并赐联“九重天上书声旧，千古人间义字香”；唐昭宗御笔亲题“旌表义门陈氏”；南唐王赐匾上书“义门”二字；宋太宗御笔题词“忠者世家”，旌赐“真良家”和“义居人”等，诏令将“义门家法”收藏于国史馆，并赐御书三十三卷，他还为义门亲题“问道江南谁第一，咸称惟有义门陈”等诗句以示赞颂；宋真宗赐联“聚居三千口人间第一，合炊四百年天下无双”，题“旌表义门陈氏”六个大字；宋仁宗追封义门陈氏五世祖陈旺、陈机、陈感、陈兰、陈青分别为晋国公、齐国公、吴国公、燕国公、许国公之谥号；等等。陈氏义门之所以能得到这样的殊荣，离不开其始终教导子孙知礼仪、忠国家、尚廉节，将家国情怀的大义发挥得淋漓尽致；离不开其以身为范、表率乡里、平纠纷、息争讼，在稳定基层社会中发挥了重要的作用，而这都是“忠义”使然。

淳化元年（公元 990 年），殿中丞康戬因为公事前往陈氏家宅，见到族内人口众多，生活十分贫寒，时常因供给不足而难以为继，每年春天还要跟街坊乡邻借贷粮食，于是奏请皇帝借陈氏家族两千石粮食并免除利息，皇帝欣然同意。至道二年（公元 996 年），又增加至二千七百余石，陈氏家长在感念圣恩之余，见每年从外州县输送粮食需往回四百余里倍费盘缠，便奏请由本县输送，省去运输费用。而后，陈氏家长又恳请借贷粮食数量减半，以为“云省啬而食，可以及秋成”。有族人劝他全部接受，将省下的一千石卖掉“可邀善价”，但他却回答说：“朝廷以旭家群从千口，轸其乏食，贷以公粟，岂可见利忘义，为罔上之事乎？”（《宋史·卷四百五十六·列传第二百一十五·孝义》）此举于今而言亦是难能可贵。这便是陈氏义门“忠义”的生动体现，可谓“上以远民义聚，复能固廉节”。陈氏义门富则不骄，贫则不怨，处江湖之远，居太平盛世，亦唯忠唯义。

其二，“孝义”。谈及陈氏义门的“孝义”家风，一段段佳话流传至今。譬如，常年在外为官的义门“九才子”之一的陈乔，得知其母失明后，便派人将母亲接到身边悉心照料，并恳请御医来为母亲医治。但是，御医诊断过后却觉得无药可医，便劝陈乔“过去有舜帝舔目复明之说，你不妨一试”。[①] 于是陈乔为了治疗母亲的眼疾，日复一日用舌头舔母亲的一双瞎眼，从未间断。未曾想两年后母亲真的双眼复明，可谓至诚至孝，感动天地。又如，义门后代陈宗 16 岁那年，其母病重，他不仅日夜陪伴母亲，侍奉左右，还四处寻访名医为母亲治病，其中一个医生开出药方需用股肉作饵，陈宗便用自己的股肉为母治病。他说道：“有母身才有吾身，为儿之孝，何惜区区一处肉。”再如，陈诏、陈显、陈颁三兄弟为让母亲开心，亲自抬轿子带母亲远足踏青。陈氏义门的“孝义”事迹可谓不胜枚举、感人至深，并流传至今，其行为中所蕴含的“孝义”之风至今不仅仍对陈氏族人起到极好的教育作用，更值得世人学习和传承。值得一提的是，当“忠义”和家族利益发生冲突时，陈氏义门永远选择的是家国之义、民族大义。宋景德三年（公元 1006 年），陈氏义门在筠州的一处田庄，

① 陈增容等：《江州义门陈氏宗谱·旧碑碎语家言记》，宜春德星堂本，1936 年，江西省图书馆藏。

被“不肖卑幼”私下典卖并从中营利，幸而族人陈延赏在赴任筠州的途中察觉此事，并上书朝廷严惩不贷。这一大义灭亲之举较好地维护和巩固了义门家族的风尚，更体现了陈氏家族强烈的大局意识和爱国精神。陈氏义门可谓忠孝为本、孝亦有节，乃是真正的“大义”之家！

二、耕读传家

“耕读传家”是中国传统社会中实现家族发展与延续的重要途径，不论是平民百姓还是官宦士绅对于这四个字都十分看重。“耕读传家”从字面理解颇为容易，即依靠耕作种田养家糊口，读圣贤之书安身立命，使家族得以延续。进一步来讲，“耕读传家”实则强调了谋生与为人的统一。具体而言，“耕”作为传统农业社会中十分重要的谋生手段，与统治阶级的需要相吻合，“士农工商”的阶层划分便说明了这一点；“读”强调的是对于圣贤之辈的尊重，通过对经典的阅读，学习为人处世之道，最终成为符合社会需要的人。二者都是影响家族发展的重要因素，正所谓“耕读传家久，诗书继世长”。但是，像陈氏义门这样的家族，之所以取得如此成就，不仅源于其世代始终秉持“耕读传家”的基本理念(普通家族能坚守几代就实属不易)，更源于其将“耕”与“读”有机结合，使二者相辅相成，可以说是真正体味到了“耕读传家”的精髓。

陈氏义门在其绵延十五世的生命历程中，也真正成为“耕读传家”的典型代表。首先，虽然唐宋时期已出现闻名中外的商业大都会，城市里坊市分开，店铺随处可见，更出现了晓市、夜市，但陈氏义门成员依旧坚持农桑劳作、自给自足、崇尚本业。

其次，陈氏义门家族内部设有两级教育机构：一是书屋，二是书院，主要以四书五经等儒家经典教育为主。按陈氏家法规定，“立书屋一所于住宅之四，训教童蒙”，“童子年七岁令入学，至十五岁出学，有能者令入东佳”，即儿童年满七岁便要被统一送至书屋学习，表现优异者再升至东佳书院继续深造，此举是为“资性刚敏人物清醇者，严教举业，期达道以取青紫”，即培养和选拔家族中的秀敏之士参加科举考试以博取功名，从而增强和巩固家族势力。诚然，东佳书院起初是为陈氏家族一族服务所建，但随其办学规模和影响的不断扩大，“子弟之秀者，弱冠以上皆就学”，并延聘四方名师来此游学。著名诗人黄庭坚、晏殊、苏轼等都曾来此游学交流，书院儒风大盛，读书向学之风日剧，成为江南著名的书院之一。由此看来，几乎每一个陈氏家族成员都受到过包括忠孝文化在内的儒家文化的浸染。

最后，耕读结合。陈氏家族“置田二十顷”作为办学、游学的资金来源，以“耕”供“读”，可谓“田”在“院”在，在田间地头的劳作不只为衣食住行，亦为读书育人。“耕读传家”已成为陈氏一脉融于骨血内的印记，陈氏义门“八百头牛耕日月，三千灯火读文章”的繁荣景象便是其最好的体现。

三、至公无私“齐家”有方

《礼记·大学》云，“修身、齐家、治国、平天下”，是谓培养家国情怀的基本程序。江西德安陈氏家族堪为义门、繁荣兴旺、绵延不衰的一大原因，即是“齐家”有方。家族拥有一部完整的家族管理制度，其中包括《家法三十三条》《家训十六条》《家范十二则》，共同组成陈氏义门家规。陈氏义门家规由第三任族长陈崇创制，与当时封建王朝的治国理念遥相呼应。他将治理国家的办法细化到家庭内部，提出切实可行、系统完备的治家方略，可以说是“齐家”方法上的重大创新。如“家法”侧重具体管理办法，既有“立主事以专家政，置库长以掌家财，立庄长以督租梨勘司以序男女，学堂以教童稚，道院以业焚，修巫法以备祷祈，医士以供药石，东佳书院以待学者，德安轩宇以奉公门”等行政性条文，也有“赏以勤能罚以惩恶，凡诸线细莫不周详，而且藏获不入其门，鹰犬不为其玩，天文图纬之学，继横权变之谋，佛图桑门之言，商贾营贩之利，禁止不习惧败家风”等依照国法、遵循正统的戒律性条文。陈氏义门“齐家”有方，但其核心离不开四个大字——“至公无私”。

宋淳化四年（公元 993 年），太宗问陈兢：“汝义门所以义聚，何也?”陈兢回答：“公也，公则无私，无私方可义聚。”陈氏一族，公共劳动，公平分配。吃饭时，“必群坐广堂，未成人者别为一席”，即使坐于异席，亦要“击鼓传餐”，鼓声响起时一同就餐，甚至“有犬百余，亦置一槽共食，一犬不至，群犬亦皆不食”（《宋史·卷四百五十六·列传第二百一十五·孝义》），“即百犬毕至，必大犬先食，然后小犬随食，此亦义风所感也”①，吃的就是一个“公”字；劳作时，“堂前架上衣无主”，大家都穿一样的衣服，不分绫罗缎面或粗衣麻布，不分彼此拿起就穿，穿的就是一个“公”字；住的时候，

① 陈增容等：《江州义门陈氏宗谱·义门院宇说》，宜春德星堂本，1936 年，江西省图书馆藏。

房子由家族统一建造，不分亭台楼阁或破屋茅房，住的就是一个“公”字；养育孩子时，义门陈氏特设有“育婴堂”，百余婴儿同堂待哺，由妇女们集体哺育，只要有婴儿饥饿啼哭，都会解怀捧乳，有的孩童长到三岁连自己的生母都不认得，育的就是一个“公”字；供养老人时，陈氏义门专设“公婆大丘”这份田产，以供老人颐养天年，无后顾之忧，养的就是一个“公”字。天下为公，不仅是家国情怀的大义所在，更是陈氏义门的大义所在。可以说，陈氏义门用自己的身体力行为我们生动地展现了一幅“大道之行，天下为公”的美好景象，再现了陶渊明笔下的世外桃源。

不论是浙江浦江的郑氏家族，还是江西德安的陈氏家族，抑或是传统中国未曾记载的千千万万拥有优良门风的家族，都始终坚持孝义为本、耕读传家，文道结合、以厚人伦，清正廉洁、匡扶正义，累世同堂、和谐如一。有的常蒙旌表，仍不忘初心；有的默默无闻，却坚守如一。这不但创造了人类家族史上的奇迹，还为中华大家庭提供了可资借鉴的精神财富！或是忠义孝悌的人伦精神，或是学以致用的经世之法，或是胸怀天下的家国情怀，等等，这些孕育在家训、族规、家风中的优秀文化基因不容割裂，更不容遗忘！

孝义齐家的浦江郑氏家风

浙江浦江的郑氏家族，是中华历史长河中浓墨重彩的一笔，或是因其治家有方，或是因其门风淳朴，纵然历经三朝政治变迁，却始终和谐如一。十五世同居坚守，九百年孝义传家，宋、元、明三史为其立传，一百七十三人为官终守清廉。义门郑氏，可追溯到北宋重和元年（公元1118年），历经三朝，屡蒙旌表。郑氏家族是朱元璋心中的“江南第一家”，更是邻里街坊心中的“孝义门”。天顺三年的大火，使郑氏家族的同居生活宣告结束，然而使郑氏家族得以长期稳定发展的文化灵魂却传颂至今，该家族的家训《郑氏规范》就是郑氏义门绵延不息的灵魂，它是对中华家族文化发展演变的生动阐释，更是当代中国家庭可资借鉴的宝贵文化资源。《郑氏规范》是中国传统社会家族管理的经典之作，亦是中国家训史中不朽的里程碑。它辅助郑氏家族树立“孝义”当先的门风，将儒学的理想追求转化为可操作的日常行为准则。不论是家族事务的管理，还是子孙后代的培育；不论是为人处世的哲学，还是生活学习的方法，《郑氏规范》中的一百六十八条，可谓无所不备，面面俱到。

郑义门的家训、家风文化主要表现在厚人伦、重教化、尚俭廉三个方面。

一、厚人伦

“孝义”是“义门”之本，象征着义门家族共同的文化心理，这也使得义门的成员紧密联系在一起。郑氏义门产生初期，始祖郑绮便在其遗嘱中指出了“孝义”之道，他强调“吾子孙有不孝、不悌、不共财聚食者，天实殛罚之”。对于这一问题，《郑氏规范》进行了全面、系统的阐释：“吾家既以孝义表门，所习所行，无非积善之事。子孙皆当体此，不得妄肆威箍，图胁人财，侵凌人产。以为祖宗积德之累，违者以不孝论。”实质上，郑义门的“孝义”主要是其对于人伦关系的解读。一方面是家族成员间的人伦关系，另一方面是家族内部与外部的人伦关系。

首先，解决家族成员间的人伦关系，郑氏义门强调“孝悌”的作用，既包含晚辈对长辈的孝，也包含同辈成员间的悌。对于“孝悌”的坚守，为郑义门和谐的成员关系奠定了基础。正如《麟溪集》中所记载的“父病，医言人血合药能治，乃刺臂取血合药以进”，亦如《涟义编》中所记载的“父以非罪系狱，当入死，绮欲见不可……上书请白代”，抑或是在受胡惟庸案牵连时，兄弟间的挺身而出，等等。上述案例都说明了郑氏义门家族成员中晚辈对长辈之孝，同辈与同辈之悌。

其次，解决家族内部与家族外部的人伦关系，郑氏义门则强调“义”字当先，这种“义”既包含人与人之间的“道义”，亦包含志存高远的“大义”。面对邻里关系，郑氏义门倡导以和为贵，睦邻济贫，力尽人伦之义。在处理乡邻关系中，郑氏家族既要求子孙“有容乃大”，“子孙当以和待乡曲，宁我容人，毋使人容我”（《郑氏规范·第一百二十三条》）；又倡导子孙和睦济贫，“秋成谷价廉平之际，籴五百石，别为储蓄；遇时缺食，依原价粜给乡邻之困乏者”（《郑氏规范·第一百二十四条》）。与此同时，郑氏家族还通过创办药房、设立茶摊等方式和睦邻里，这也是郑氏家族以“义”当先的最好阐释。毋庸讳言，这种人伦关系中“道义”的升华即是民胞物与、兼济天下的“大义”，不论是对于鳏寡贫穷的周济照料，“立义冢一所，乡邻死亡委无子孙者，与给櫘椟埋之；其鳏寡孤独果无自存者，时赒给之”（《郑氏规范·第九十二条》）；还是视如己出的抚养遗孤，“抚从弟遗孤女三人如己出，及异，择配名家嫁之，妆奁丰越己女”（《省志·经籍传》）；抑或是对于建文帝的舍生取义，“燕兵既入，有告建文帝匿其家者，遣人索之。濂家厅事中，列十大柜，五贮经史，五贮兵器备不虞。使者至，所发皆经史，置其半不启，乃免于祸，人以为至行所感云”（《明史·列传第一百八十四·孝义》）。这些都说明了义门郑氏成员的“大义”当先。

二、重教化

郑氏家族是耕读家族的典型代表，其始终致力于对子孙后代的培育，无论是“耕则良农、学则良儒”的风尚传承，还是“忠孝悌信”的人格培育，抑或是“清正廉洁”的为官之道，这些至今仍有时代价值的文化精神在《郑氏规范》中皆有所示、皆有所依。相较于传统中国耕读传家的其他家族的教化方法而言，郑氏家族对于人才培育的内涵更为全面、特征更为鲜明、方法更为系统。

其一，郑氏家族重教化体现在对子孙的培育具有鲜明的可操作性，他们将儒学的理论转化为现实可操作的条规、训目，即将儒学的价值追求细化为子孙为人处世的具体方法，将儒学的文化教义细化为子孙学习的内涵。郑氏家族系统分列了不同年龄阶段的家族成员所应学习的具体内容，例如《郑氏规范》中规定：“子孙自八岁入小学，十二岁出就外傅，十六岁入大学，聘致明师训饬。必以孝悌忠信为主，期抵于道。若年至二十一岁，其业无所就者，令习治家理财。向学有进者弗拘。”这不仅在一定程度上实现了因材施教，也帮助家族成员得以学以致用。

其二，郑氏家族重教化还体现在对于教师的选择上。《郑氏规范》第一百一十六条中写道：“延迎礼法之士，庶几有所观感，有所兴起。其于问学，资益非小。若哤词幼学之流，当稍款之，复逊辞，以谢绝之。”郑氏家族对于教师的选择十分谨慎，其所聘请的教师必须是懂得礼法制度的儒士，并希冀其能使子孙的学习有所收获与启发。但面对“哤词幼学之流”，他们也会简单、热情地款待，并婉言谢绝，这也表现了郑氏家族宽容、谦和的待人态度。

其三，家族建立的东明书院，标志着郑氏义门教化管理进入完备阶段。首先，东明书院的建立始终坚持郑氏义门的基本原则，始终倡导文与道的统一，即重视儒家义理的现实操作性。据《东明山游泳轩记》记载：“文与道非二也。六艺之文，圣人以其蕴于身心，措于事业者时时出之。后世仰之如日月，齐之如山岳，测之如河海。及其赖之。”由此可见，东明书院将儒学文化中“内圣外王”的理想人格与“救世济民”的现实作为相结合，其目的是培育体用兼备的人才。其次，东明书院在发展过程中创建了体系完备的教学管理制度。东明书院的领导者大多为时代大儒、名流学者，他们强调素质教育、注重研究精神，并通过制定书院管理章程推动教育发展。譬如：义门郑氏通过捐赠、租息等方式来维护东明书院的财政稳定。据《义门郑氏祭簿》记载：“岁收花息以作义塾之费，庶有志教子弟者不苦其难。”由此可见，东明书院的稳定发展，亦为郑氏义门的人才培养提供了保障。

三、尚俭廉

为人尚俭、从官尚廉是郑氏义门始终坚持的门风。自宋代建家起，其门风醇厚，为官者 173 人，无一人因贪腐而遭罢免，这也是郑氏家族得以成为世人典范的重要原因之一。“勤俭”的品格是无关外在物质条件下的一种慎独，其核心即是戒骄奢，而“清廉”的品格则是在外在物质条件诱惑下的坚守，其核心即是戒贪婪，故而两种品格的共性即是要求控制内在的欲望。“师俭—无欲—清廉”的公式亦是郑氏义门的齐家法宝。首先，郑氏义门深知“成由勤俭败由奢”的道理。家训强调“家业之成，难如升天，当以俭素是绳是准。唯酒器用银外，子孙不得别造，以败我家”（《郑氏规范·第一百三十条》）。在《郑氏规范》中此类条文不胜枚举。那么，郑氏子孙应该如何节俭呢？

其一，子孙不应攀比，坚守质朴的生活状态，即“子孙不得与人眩奇斗胜两不相下。彼以其奢，我以吾俭，吾何害哉！”（《郑氏规范·第一百二十八条》）其二，子孙不得过度开支，坚守不浪费、不奢华的生活作风。譬如《郑氏规范》第一百三十六条规定：“子孙不得无故设席，以致滥支。唯酒食是议，君子不取。”再如第一百三十九条规定：“寿辰既不设筵，所有袜履，亦不可受，徒蠹女工，无益于事。”

其二，郑氏义门对于“清廉”的品格也十分看重，既要求家族内部的廉洁，亦要求出仕为官者的清廉。郑氏家族管理成员有 18 种职务、26 人之多，所以家族内部的廉洁是保障家族稳定发展的重要因素。据《麟溪集》记载：“榦既长，即辅家政，一钱尺帛不入于私。”抑或是受儒学家国情怀的影响颇深，郑氏家族始终要求出仕为官的子孙奉公勤政、体恤爱民，这就要求为官者要以“清廉”为本，故而《郑氏规范》中规定：“子孙倘有出仕者，当蚤夜切切以报国为务，抚恤下民，实如慈母之保赤子。有申理者，哀矜恳恻，务得其情，毋行苛虐，又不可一毫妄取于民。”（《郑氏规范·第八十七条》）

郑氏义门历经数百年风雨，其实体架构虽已不复存在，但其以《郑氏规范》为核心的治家之道却流芳百世。郑氏义门是大历史下的小家族，是小家族中的大家庭，是中国传统家文化的生动展现，是中华民族特有的国家概念的生动阐释！回顾郑氏义门的家风文化，是对于传统的尊重；探讨郑氏义门的现代价值，是对于未来的展望。当代社会虽不再“聚族而居”，大多也非“累世同堂”，但郑氏义门家族文化中的厚人伦、重教化、尚俭廉仍是中华民族不可磨灭的精神印记，它流淌在炎黄子孙的血液中，滋养着每一个中国人的家国情怀！

雍睦无间的会稽裘氏家风

朝廷旌表义门，大约从南北朝时期开始。有人统计，二十四史《列传》所载的被朝廷旌表的义门，自南北朝至清代共有146家，其中南北朝时期25家，唐代38家，五代2家，宋代50家，元代5家，明代26家。但也有人考证，南北朝至清朝共有义门175家、82个姓氏。

在被朝廷旌表的义门中，浙江会稽（今绍兴一带）裘氏义门堪称传世最久，远高于其他义门。“会稽裘氏义门，自东晋安帝义熙四年（公元408年）裘尚定居云门，设立规条创建义门起，历南朝宋、梁、陈，迄隋、唐、五代至南宋度宗朝，总计近900年，绵延28世，超逾我国历史上帝祚最长的周朝。比之唐张公艺‘百忍’以称九代同居一堂、南唐江州德安13世同居之陈氏义门、明婺州浦江‘江南第一家’11世同居郑氏义门有过之而无不及！故会稽裘氏义门无论传世之久远，还是道德风范之感人，均堪称中国义门之最。”① 南宋嘉泰年间《会稽志》卷一三“义门”条也记载：“平水、云门之间，有裘氏，自齐、梁以来七百余年无异爨，子弟或为士，或为农，乡党称其行。大中祥符四年（公元1011年），裘氏义居已十有九世，其族长曰承询。此后二百三十六年，其号义门如故。至嘉泰（公元1201—1204年）初，又五六世矣，犹如故，聚族亦加于昔。”

《宋史·孝义传》记载，裘氏被朝廷旌表是在北宋真宗年间，该家族聚族而居、繁衍生息，至真宗时已传19世，长幼600多口。当时裘氏族长裘承询，“以孝义治家”，“同居共爨，雍睦无间”，深为乡人所赞誉。宋真宗大中祥符四年（公元1011年），越州（今绍兴）知州李遹上书朝廷要求旌表“平水云门间之裘氏为义门”。宋真宗准奏，敕命旌表裘氏为义门，并封族长裘承

① 张秀铫、裘周麟：《中国义门之最——会稽裘氏义门》，载《寻根》2010年第6期。

询为承直郎，同时减免整个家族的赋税和徭役，还允许建绰楔（树立在正门两侧用以表彰孝义的木柱）、义台（行礼仪之台），以示对裘氏孝义家风的褒奖。

裘氏义门为何能绵延如此长久？大致有下述几方面的原因：

一、孝义仁让的家训教化

裘氏祖先代代传承的家训教化为义门家风的延续和光大起到了重要的作用。裘氏祖先传承下来的家训主要包括三个方面的内容：一是告诫子孙要“传家以孝义为本，处族以仁让为先”。“孝义”是调节家庭内部的人伦关系；“仁让”则是调节家庭之外同族族人的关系。讲究孝义、仁让使得家庭内部、族人之间能够和睦相处，这是家道兴隆的前提和基础。二是族人必须从事一项能够谋生的正当职业。裘氏家训指出：“凡我族中士农工商，必各执一艺以资生之策。”规定裘氏子弟年满 16 岁，由族长根据其才干能力安排就业，并经常进行监督检查，奖勤罚懒。但50岁以后就不再从事重体力的劳动，年满60岁就不再考核工作量，70岁以后则“退休”，不再参加劳动，而由宗族赡养。家族的妇女主要从事纺织和家务劳动，农忙时也必须参加力所能及的农业生产。三是为人处世要积德为先。裘氏义门家训要求族众“以实心行实善，做个真实的好人便是眼前积德”，反复告诫子孙“不迎神不信佛，不全信风水”。这种家训、族规的规范训导，对规约家族成员行为、维护家族生活秩序，起到了十分重要的作用。

二、家长率先垂范并管理有序

裘氏家族与许多世家大族一样，分设家长和族长，只不过裘氏家族的家长是宗族中辈分最高、年龄最长的人。家长是全族的代表，负责掌管义门宗祠的钥匙，有需要在祠堂中商量处理的宗族大事才可开启。家长还要负责接待官府、宾客事宜。除了家长，另外还有一位“民主推选”

的族长。族长的推举不分辈分高低、年龄大小，完全看德才是否兼备、办事公道且精明强干，能够服众。族长总揽整个家族的生产、生活事务。此外，族长还要负责对违犯家规族约、“作奸犯法”、屡教不改的家族成员实施惩罚，当众以竹棰击打，以儆效尤。

另外，裘氏义门还像浙江浦江的郑氏义门那样，在家族内部另设“库司”和“司事”等具体办事人员。前者执掌家族财政，负责缴纳粮税租课，置买生活用品和全体家族成员的服装；后者则负责管理全族其他事务。该家族还经常召集族中的成年男子，共商族中大事，这样可以集中大家智慧，防止生产经营等方面的失误。到了年终，裘氏义门还召集全族的年长者共同核算全年收支、商讨置产扩业事宜。

三、注重道德养成教育

裘氏义门非常注重宗族的道德养成教育，尤其是对于青少年。比如，裘氏全族同灶共食，就餐时以鸣钟为号，全体族人都到家族的大食堂就餐。座席按照男女分列，同时依照不同辈分顺序而坐，孩童们另外分桌就餐。就餐时大家都彬彬有礼，相互谦让，假如一人未到，其他人肯定不动筷子。这种礼仪教化甚至影响了家里养的一群狗，它们居然也不抢先而食。时任越州签判的王十朋曾写诗赞扬该家族：“鸡犬和同无彼我，儿童逊让识尊卑。”

在农闲时节，裘氏家族更是集中开设“道德讲堂”进行教育。“由族长聚众于厅堂，聘请学行皆优者，教育族人要恪守以孝为首的孝、友、睦、姻、任、恤六项道德准则，平时还常考查是否切实做到。对妇女教育尤为重视，推举族中贤德妇女为‘宗姆’，负责对女辈施行‘阃教’。内容主要是：‘唯酒食是议，唯女红是业’，‘外言不入阃，内言不出于阃’。新媳妇初到义门，先由长者进行家训、家规的教育，对丧偶妇女，不严格要求守节，允许去留自愿。”①

① 张秀铫、裘周麟：《中国义门之最——会稽裘氏义门》，载《寻根》2010年第6期。

四、家族雍睦无间的氛围熏陶

《荀子·劝学》有言，“蓬生麻中，不扶自直”。裘氏义门优秀家风的日常熏陶、潜移默化，使得全族上下和睦相处，亲密无间。史书记载，日常家居，那些在哺乳期的妇女负责看护小孩子们，看见摇篮里的孩子饿了，不管这孩子是谁家的，抱起来就喂奶。倘若有的媳妇回娘家探亲带幼小的孩子不便，就把孩子放在家里，由妯娌们照顾喂养。裘氏家族的妇女，严格遵照家族“毋私馈、毋饰容观、毋私室”的训诫，不仅不化妆打扮、不穿金戴银，而且彼此连衣服穿着也不分，看到晾衣架上有晒干的衣服，取了就穿，以至于当时人们赞誉裘氏义门是“儿无常母，衣无常主”。

正是由于裘氏义门笃行“传家以孝义为本”的家训，世代传承祖先优秀家风，这个家族出了不少孝子贤臣。宋仁宗时，该家族的裘仲容母亲生了重病，大夫说要用人的大腿肉做药引子才能治好。裘仲容听后毫不犹豫地割下了自己大腿上的一块肉，给母亲做药引子。此事被仁宗皇帝知道了，他很是感动，公元1049年11月初，宋仁宗敕命旌表裘仲容为孝子，赞扬“裘仲容安分守己，操履端方。割股救母，情更异于当世。特赐丝纶，永昭百世”。

在这种“耕读传家”传统家族文化的熏陶下，裘氏后裔人才辈出，科第不绝。自宋至清有敕命、敕书、诰命等30余道，仕官132人，其中宋代乡员2人、明清两代进士4人。

数百年来，裘氏义门乐善好施，名重乡里。从史料中罗列一些裘氏家族成员赈灾济贫的记载，就不难看出这一世家的义门风范：

永乐十二年（公元1414年），瘟疫蔓延，粮行闭市。裘惟中乐善好施，一面平粜平粜粮食，为乡里排忧解难，一面放粮赈灾。

是年饥荒，道途饿殍藉藉。裘炯（行江十六）赈饥散粟万斤，济活人无数，载县志同年，裘汪（行祥十九）也散粟千余斤。

正德三年（公元1508年），瘟疫蔓延。裘芜（行兼七、号菊圃）捐粟八千斤，救济灾民。特授七品散官，事载县志。

崇祯十四年（公元1641年），岁凶，粮价猛涨。裘文原出谷平抑粮价，让饥民买到平价粮食。

康熙四十九年（公元1710年）、六十一年（公元1722年），大旱闹饥荒。裘光选（号步青）出谷两万斤赈灾，载县志。裘伯龙也设厂煮粥赈济灾民。

雍正二年（公元1724年），瘟疫肆虐，遗尸载道，数十家无人收尸买棺安葬。裘守望捐谷济贫。裘省园并不富裕，仅可支米盐另杂，也朝夕施粥，以拯救饥民。

嘉庆二十五年（公元1820年），旱魃为虐，瘟疫横肆，哀鸿遍野。裘北轩倾囷倒廪赈灾。医生裘发琏出米数千斤赈灾，又免费为病人医治。

道光十二年（公元1832年），饥荒，隆

> 冬大雪经旬不霁，米价暴涨，穷人乞丐多冻僵。裘风辉、裘发琏倡议合族同舟共济，捐款捐米，赈救灾民。裘岐生、裘晋生等人施舍棉衣无数，开设粥厂，救活人众。次年，又值饥荒，族人出米周济。
>
> 咸丰二年（公元1852年），全县饥荒。裘氏家族集捐赈卹，救活甚众。
>
> 民国元年（公元1912年），裘恺堂慷慨赈灾，获徐世昌大总统的“急公好义”匾额一块，及金色义赈奖章、银质褒章各一枚。①

崇尚仁义、雍睦无间的裘氏义门优秀家风延续千年，今天依然薪火相传，并以其强大的精神力量，发挥着教化族众、激励后人的重要作用。

---

① 西朱岭侬：《崇仁义门裘氏千年记事》，新浪博客[EB/OL]http://blog.sina.com.cn/s/blog_7f34eb7401019ssl.html，2013-06-02。

忠孝共懿的吴越钱氏家风

江苏省无锡钱氏，是古代名门望族。在惠山寺旁，有一钱氏后人复建的钱王祠，祠堂正中央悬挂有族人钱守恒题写的一副楹联：“吴越五王，亿万年馨香俎豆；堠湖两系，千百年华贵簪缨。”其中，“五王”所指即是五代十国时期吴越国的开国君主钱镠。自此以后，钱氏家族犹如一棵参天古树，以吴越故地为中心，不断发展繁衍，其枝繁叶茂、子孙昌盛，逐步从江苏和浙江两地遍及全国，成为当之无愧的世家大族。宋代的《百家姓》中，除赵氏皇族姓氏外，钱氏乃第二大姓位居第二，足以显示钱氏家族之庞大，堪称“千年名门望族，两浙第一世家”。

钱氏家族自古名流辈出，人才济济。钱氏始祖钱镠，字具美，《新五代史·吴越世家第七》记载，钱镠自小擅长射箭、舞槊，7 岁诵读诗书，又通图谶和纬书。唐朝末年，藩镇割据，英雄辈出。钱镠率军剿灭叛军，被唐昭宗封为节度使。公元 907 年唐亡，又为梁太祖开平元年，钱镠被封为吴越王，自此祖孙三代共五位国君，显赫一时。他们太平治理吴越国 84 载，使吴越国富甲江南。后世子孙并不以显贵地位和身份为傲，提倡清正廉洁、淡泊名利的家风。无锡钱氏家族注重经世致用之学以及兼容并包的教育方式，这使得钱氏家族从古至今人才辈出。

家族之中，文人状元不胜枚举。宋代文人钱俨和钱显等人对后世文坛影响深远；宋代钱昆，官至秘书监；明代钱福，殿试和礼部、廷对名列第一，后任翰林院编修；明末清初的文学大家钱谦益，是士人的模范和代表；清代钱士开是万历年间殿试第一名，后任礼部尚书兼东阁大学士；另外还有进士钱大昕、钱名世等。近代时期，钱氏家族甚至出现英才“井喷”的现象，诸如外交家钱其琛、钱复，科学家钱学森、钱伟长、钱三强，国学大师钱玄同、钱基博、钱穆、钱钟书，以及 22 位中国科学院院士均皆出此脉。总之，

“钱氏人才谱”可谓人才荟萃，令人叹为观止。

钱氏家族属于文化型世家，“文学家族是一种典型的文化型家族，其成员重视教育，读书、著述蔚然成风，整体的文化素质较高，具有浓厚的家学渊源和文化积淀，是文学史上一种独特的现象”①。可以说，钱氏家族固有的文化内核早已深深地根植于家族血脉，融入到家族成员的一言一行之中，这种家族风尚虽历经时代兴衰起伏、岁月沧桑砥砺，但其家族的文化气质和文学素养依旧绵延不断，泽被后世。这种现象也印证了中国千余年来文化家族体制与家族精神不断发展、演变的特性。通过对钱氏家族的家训、家教与家风进行分析，不难揭示其家族长盛不衰的根本原因。

一、恪守家训　安国兴邦

中国传统社会具有家国同构的特殊属性，中

① 郝丽霞：《吴江沈氏文学世家研究》，复旦大学出版社2009年版，第5页。

国传统伦理秩序与道德规范则具象于家庭伦理之中。同样，家庭伦理的外延扩展开即为整个社会关系的伦理原则和行为准则，故家庭关系是社会生活中最基本的人际关系。中国古代世家大族之所以重视家训、家规，其原因在于家训可以规范家族成员间的伦理等级秩序，维系社会的长治久安。再者，家训的精神内核和价值取向是以儒家思想为核心，以修身、齐家、治国、平天下为目标，不但遵循人际关系和社会秩序的和谐融洽，还注重人文教养与德育教化的统一。

钱氏家训正是古人倡导“修齐治平”教育的成功典范。钱氏家训大体上是由钱镠的《武肃王八训》《武肃王遗训》和钱文选编辑整理的《钱氏家训》这三部分组成，其中从“个人”“家庭”“社会”“国家”四个层面概括了钱氏家族的立族之本与兴族之纲。钱镠一生历经唐、后梁和后唐三个朝代，虽念及大唐为正统，但为社稷百姓，始终坚守臣子身份，恪守臣子节操。文天祥曾赞其为“武足以安民定乱，文足以佐理经邦”（《钱武肃王传》）。吴越国建立之初，为保国泰民安，钱镠动员百姓修筑钱塘江沿岸的捍海石塘。此后，农田不再受潮水侵蚀，百姓安居乐业。因钱镠对钱塘江的特殊贡献，后世将他尊称为“杭州之父”。钱镠在《武肃王遗训》中写道：“余固心存唐室，惟以顺天，而不敢违者，实恐生民涂炭，因不负臣之名。而恭顺新朝，此余之隐痛也。”后世子孙钱弘俶谨遵先祖“如遇真主，宜速归附”的遗言纳土归宋，未动兵卒，至此吴越国悄然退出历史舞台，此乃民之幸事。

在后世子孙中，钱氏族人依然具有浓郁的家国情怀。以钱基厚、钱基博兄弟为例，抗战时期，钱基厚在政治界和教育界颇有作为，他组织联络江南乡绅，为救护难民出谋划策，募捐救国公债。国学大师、教育家钱基博一生从事教育事业，他强调：“在讲明吾国古先圣哲相传人伦道德之要，尤宜注意于家庭、社会、国家之关系，以期本经常之道，应时势之需。”(《修正师范学校规程》)中华人民共和国成立以后，“三钱”即钱学森、钱伟长、钱三强为我国的科技发展作出了卓越的贡献。由此可见，于家为国、安国兴邦，正是钱氏家族“利在一身勿谋也，利在天下必谋之”（《钱氏家训》）的集中体现。

二、严明家风　薪火相传

优良家风是指一个家族在世代延续的过程中形成的好风气与好传统。借助优良家风来砥砺德行，不仅是传统家庭道德教化的主要手段，也是名门望族传承家族美德的主要形式。如果说钱氏家族的家国情怀是为实现治国、平天下的人生理想而奋斗，那么钱家严明的家风则是将修身、齐家回归至对个体道德习性的修炼与养成。《武肃王遗训》最后一条告诫后世子孙：“吾立名之后，在子孙绍续家风，宣明礼教，此长享富贵之法也。倘有子孙不忠、不孝、不仁、不义，便是坏我家风，须当鸣鼓而攻”，可见其家风要求之严格。恪守祖训、家规，其中的懿行嘉言便是家风之源，再经由世代子孙存续继承、薪火相传，钱氏家风则越发浓郁与醇厚。纵览钱氏家风，有关和睦、勤俭、睦邻等内容尤为突出。

具体而言，其一，钱氏家族特别强调家庭和睦，手足亲情。《武肃王八训》中提出："兄弟如手足，手足断而难续。汝等恭承王法，莫从娇奢，兄弟相同，上下和睦。"《钱氏家训》中亦载明："欲造优美之家庭，须立良好之规则。父母伯叔孝敬欢愉，妯娌弟兄和睦友爱。"这体现了中国人最为朴素的持家之道就是"家和万事兴"。

其二，钱氏家风尤为注重勤俭持家，克勤克俭。《钱氏家训》称："勤俭为本，自必丰亨。忠厚传家，乃能长久。"例如，钱基博一生淡泊名利，甘为人梯，他在其自传中曾叙述道："余年少，又自知嗜欲过人；稍一纵恣，惧回头不得；今手中不留一文钱，欲束身自救以不入于慆淫耳！"又如，杨绛曾追忆说钱钟书不喜强调出身为名门望族，只认为自己是一个清贫的家庭教师。可以说，勤俭持家体现了钱氏家族对待财富与名利最根本的态度和准则。

其三，钱氏家风提倡和睦四邻，要有至诚之怀。《钱氏家训》中规定，"信交朋友，惠普相邻。恤寡矜孤，敬老怀幼”，“救灾周急，排难解纷。修桥路以利人行，造河船以济众渡。兴启蒙之义塾，设积谷之社仓”。清代钱氏后人钱维桢为人仁厚，因为科举不顺，决意全身心投入创办义学、做慈善和抚恤孤儿的教育事业中。他在当地兴建义学被世人广为称赞。钱维桢在《变通小学义塾章程》中记录了创办义塾的经验，其中在《条规》十条中全面地规定了创办义塾的经费、场地、师资、课程以及上课要求等内容，有很强的操作性。时任巡抚的丁日昌到江阴访问，大力赞许钱维桢义塾办得好，并要将他的办学经验在全省推广。此后，钱维桢还制定了崇仁、向义两个义塾章程，晚年还在此做管理工作。细细算来，这些章程一用便是 30 余年之久，直至清末新政的私塾改良运动之后，章程才被废除。钱维桢的儿子钱福炜和钱福炯受其父影响，在当地赈灾荒、修宗祠、扩义塾、修桥铺路，被当地人称为“善人”“刚者”。

总之，钱氏家风文化将其家族最核心的价值观念加以凝聚，这才使得钱氏家族的道德风貌和品行规范流风余韵，代代不绝。

三、言传身教　文脉永续

家训得以继承、家风得以延续，往往要依托于行之有效的家庭教育。在中国古代社会，家教是尤为重要和必要的。与平民百姓相比，文学世家通常会有一套独具一格的教育方式和教化方法，钱氏家族就形成了一脉相承、言传身教的教育方式。譬如，钱熙元既是其弟弟钱福炯的启蒙之师，也是其侄子钱基博与钱基厚的启蒙教师；钱基成是他的侄子钱钟书与钱钟韩的启蒙教师。这种基于父子、兄弟之间的教学相长，大大地提高了学习效率。光绪年间，钱福炜被选为苏州府长洲县教谕，从事教职工作 10 年之久。他训导学生始终遵循“先品行，后文艺”的原则。钱福炜不仅仅重视品德教育，更在乎率先垂范。他平日不喜欢阿谀奉承，对于学生或他人赠送的礼物，他也是公私分明，不是应得的，一定婉言拒绝。一次，学生赠予他礼物，他在上课时给学生讲解《左传》中的一段鲁国大夫臧哀伯劝鲁桓公的话“国家之败，由官邪也；官之失德，宠赂章也”，并告诫学生为政清廉的重要性。又如，钱基博和钱钟书同在光华大学授课时，父子二人在学识和教学上都有交流与切磋。父子二人一起读书讲学，相互竞赛，一时传为美谈。入夜，二人书房灯光相映，读书琅琅，长明不熄，引得夜归人驻足赏叹。[①] 正是由于长辈率先垂范、以身作则，晚辈方可耳濡目染，久而久之便形成读书好学之习气。

更值得一提的是，博览群书、博通经籍也是钱氏家族得以文脉不绝的重要原因。例如，咸丰年间中举的钱福炯，幼年学塾学习时便展现出过人的学习天赋，识字、读书、作文一气呵成，“四书五经”和《古文观止》《史记》《汉书》无一不通，令世人称奇。又如，钱基博幼年时便跟母亲识字学习，每日反复读经背书可达到20余遍。钱基博曾在自传中回忆道：性喜读史，5

① 高涛：《国学之花次第开——钱基博与钱氏家风》，大象出版社2016年版，第195页。

岁便从师自己长兄，9 岁便可背诵毕《四书》《易经》《尚书》《礼记》等，10 岁熟读《史记》，自 13 岁起阅览《资治通鉴》。正因为他幼年早承家学，博识多闻，为其国学成就奠定了坚实的基础。钱基博和他的弟弟钱基厚之所以有较高的学习天赋，还有他的伯父钱熙元的功劳。钱熙元指导两个侄子学习方法时强调：一是要读经，读经是要理解古代圣贤著作中的道理；二是要读史，读史是要理解世态变迁之全貌。学会解经、论史之法就是找到了做学问的关键。钱熙元以《过秦论》为例说：该篇有史实、有评论，亦有史论结合，堪称经典。每次看到钱基博、钱基厚听得津津有味之时，钱熙元讲得就更加起劲。他告诫两个侄子，做文章是为圣人立言，决不能把它当作取得功名利禄的工具，要从文章中学习治国安邦、立志做人的道理。由此可知，钱氏家族对于知识的积淀与传承正是在恪守家训、严明家风的基础上，坚持人文教育的优良传统，通过长辈对晚辈的谆谆教诲，采用上行下效的教育形式才使得钱氏家族长盛不衰，而这些教育方式、方法也是今人值得借鉴和学习的。

民国时期，钱氏新宅被称为“钱绳武堂”，即“昭兹来许，绳其祖武”（《诗经·大雅·下武》）之意。《钱氏家训》指出：“能改过则天地不怒，能安分则鬼神无权。读经传则根柢深，看史鉴则议论伟。能文章则称述多，蓄道德则福报厚。”由此可见族人恪守祖训、传承家风，崇文倡学、崇德爱国之坚决态度。总之，钱氏家族将“修、齐、治、平”的价值观念与道德教育贯穿始终，既强调家庭成员对天地、家国的敬畏与献身之情，又重视道德修养的自觉、顿悟之方法。因此，从古至今，钱氏家族群星璀璨、英贤辈出便不足为奇了。

士魂商才

仁心义路

中国自古以来具有重农轻商、重农抑商的传统，限制了中国古代商业的发展，商人阶层也难以进入社会主流。但是也有一些有影响的政治家曾一度经商，比如，辅佐周文王和周武王建立周朝的姜尚早期就曾经商，春秋时期帮助齐桓公成就霸业的管仲也曾经是商人，后来的陶朱公（即范蠡）、吕不韦更是著名的商人。吕不韦甚至把经商的范围从物扩大到人。《史记·吕不韦列传》记载："吕不韦贾邯郸，见（异人）而怜之，曰：'此奇货可居。'"吕不韦在邯郸做生意时见到异人（秦孝文王之子，秦始皇之父），认为奇货可居，于是双方进行了一场交易。吕不韦帮助异人成就大业，异人即帝位后也给吕不韦丰厚的回报，任命吕不韦为相，封文信侯。汉武帝"独尊儒术"以后，随着儒家思想成为中国社会的主流思想，商人受到上层贵族仕宦和儒家知识分子的鄙视，优秀的商人数量不多。到了宋代，商品经济得到一定发展，于是商人阶层才慢慢壮大，商界家风的传承也日益得到重视。到了明清时期，人们对商人和商业的观念也发生了变化，“民家常业，不出农商”（庞尚鹏《庞氏家训》）。与之相应，社会上出现了许多有影响的儒商，尤其是晋商、徽商，他们士魂商才，仁心义路，在诚信经营、勤劳致富的同时，十分注重家庭教化和家风建设，扶危济困，兼善天下，在社会上发挥着积极的影响，有些人甚至成为时代楷模，传承和光大了中华民族的传统优秀家风。

义赒仁里的巩义康氏家风

民间常言“富不过三代”，而河南巩义的康百万家族却从第 6 代康绍敬至第 18 代康廷兰繁荣兴盛了 12 代 400 余年。有民谣称其“头枕泾阳、西安，脚踏临沂、济南；马跑千里不吃别家草，人行千里尽是康家田”。民间还将康百万、沈万三、阮子兰合称“三大活财神”，印成年画张贴，祈财求富。

“康百万”是明清以来对康应魁家族的统称，因慈禧太后册封而名扬天下。康家虽然是商人，但也是耕读传家的典型，他们世代崇尚儒家文化，坚守着儒家的中庸之道和务实创业精神，遵守诚信经营的道德规范。他们毫不吝啬地拿出大把银两修整河防，为国分忧，此外还赈饥荒、修学堂。这些善行义举不仅为他们的商业行为营造了良好的舆论氛围，也为他们开辟了更广阔的商业财源。

一、急公好义

在河南省巩义市今龙窝新街东口，竖立着两座高大的牌楼，设计古朴，造型壮美。路北的一座上面有副对联，写着“指囷周济今犹在，焚券高风世所稀”，这是对康应魁的高度赞誉。古时用“指囷”指代慷慨资助朋友急难，据《三国志·吴书·鲁肃传》记载：“周瑜为居巢长，将数百人故过候肃，并求资粮。肃家有两囷米，各三千斛，肃乃指一囷与周瑜。”人们根据这一故事概括出指囷相助这个典故。“焚券”出自《战国策·冯谖客孟尝君》：“（冯谖）驱而之薛，使吏召诸民当偿者，悉来合券。券遍合，起矫命以责赐诸民，因烧其券，民称万岁。”这副对联提及的“指囷周济”和“焚券”，是对康氏家族乐善好施家风的真实写照。准确地说，第十二世康大勇是康百万家族产业的奠基人，而第十四世康应魁则在生意场上开疆扩土，让“康百万”这个称号实至名归。以上两大善举和资助黄河筑堤都是康应魁所为，这几件事充分体现了康家急公好义的家风。

赈灾。《巩县民国志》记载："嘉庆十八年（公元 1813 年）大饥，人相食"；"春夏旱，麦歉收，种禾数种未成，后得雨种荞麦，花实并茂，又遭毒雾，枯焦。自嘉庆八、九年来，饥馑荐臻，世鲜有藏，更被此灾，流亡载道，甚有人相食者"。这一年刚好山东粮食丰收，康应魁命令手下收购青州、兖州的粮食，集中所有船只向豫西尤其是洛阳运粮。粮食运到之后，他以低价出售所购粮食。康应魁还动员别的富商积极赈灾，出资购买当地粮食赈灾。

康家赈灾的数量之大、时间之长是任何一家也比不上的。康家最大的一次赈灾是在 1846 年和 1847 年两年间，当时巩县"大饥，春夏大旱，秋淫雨月余，乡民散四方，转沟壑鬻妻子无数"。康氏家族十四世当家人康应魁出面邀请康姓各门族长及富户商量救灾事宜，成立了以康应魁为首，十三世康天成、十四世康云星、康焕章为成员的救灾会。救灾会成立后，康应魁从四处购粮运往巩县，在南大场设立乡民舍饭场，闻讯赶来领粥的灾民络绎不绝。后来救灾会又将灾情呈报县知事，同意采取发放义仓的储粮，按口分给粮食的举措，同时保障农业播种的种子，这使得村民得以抓住农时抢种，不耽误来年收成。就这样，康店百姓在连续两年的大灾中保全了性命。《康氏世谱》记载："道光二十七年荒，公放赈，凡异姓同姓一视同仁，乡中数百余家，赖以活者甚众。"

焚券。道光二十七年（公元 1847 年）九月初一恰是康应魁 75 岁大寿，其子道顺、道平商议为其过大寿，准备宴请河南巡抚、河南知府及亲朋好友，并上报朝廷请旨恩准悬挂千顷牌。筹备会开了几次后才被康应魁知悉，他把两个儿子叫来，让他们停止在巩县收购土地，停止申请挂千顷牌的活动。同时要他们把在康店各地发放的贷款债券整理出来交给他，并传令各地栈房管事把多年难以讨要的契约和孤寡老人、残疾人的借债契约统统交给他。康应魁指示儿子减少生日宴席，节省下来的钱在他生日前夕发放特别赈济，让全村人和自己同庆生日。

在康应魁生日当天，儿子康道平宣布了父亲收集来的债券欠债人和欠债银两数目，当场焚烧了债券，免去了康店和其他几个村几百户人的债务，有些欠债人激动地当场下跪，祝康应魁长命百岁。而“寿星”康应魁本人则在赈灾现场监督放赈，一直到天黑赈灾活动结束才回家。康应魁的赈灾和焚券义举引起极大轰动，也带动了其他村的赈灾义举。河南巡抚鄂顺安将康应魁的义举上奏道光皇帝，道光帝闻听此事，给康应魁及其儿子们都加封了官衔：“旨加公直隶州衔，议叙其长嗣廪膳生道顺补遂平教谕，次嗣道平都阃府职，三子道兴入武庠。”

筑堤。道光二十三年六月，中原地区发生特大洪水，黄河在中牟决堤，洪水所到之处良田变沙卤。洪水沿朱仙镇经通许、扶沟、太康入涡河与淮河相会。道光下旨严令堵口，但是堵口经费严重不足，东河总督朱襄因堵口不力被免。继任总督慧成邀河南各府县乡绅协商，康应魁派儿子康道平参会。东河总督慧成特派专员到康店看望康应魁并向他汇报堵口形势，当时黄河堵口正在关键时刻，几万军民奋战在前线，但是生活费用巨大，官方无力承担。康应魁立刻写信给道平捐银数万两，保障了堵口工作的完成。慧成非常感动，写信感谢康应魁，并上书道光帝为其请功，道光恩准康应魁大儿子康道平为山东候补知县，以示褒奖。

康应魁历经乾隆、嘉庆、道光三朝，不仅有以上的赈灾、焚券、筑堤这样轰动一时的义举，而且在村中做了很多修桥、筑路的善事，78 岁时无疾而终。当地百姓为他建立牌楼颂其赈灾、焚券善行。咸丰三年（公元1853 年），皇帝下旨封他为直隶州（正五品），洛阳府萧知府亲自致祭，并赐给“义赒仁里”匾额。

二、救死扶伤

康应魁三个儿子分别是道顺、道平、道兴。道平是父亲去世后的当家人，道平二子分别是无晏、无耽。康建勋是无耽的次子，在康道平的孙子辈中排行第三，人称康老三。康家救死扶伤的十七世康老三在巩义一带家喻户晓，真正的名字反而没有几个人知道。

康建勋学医源于他的父亲康无耽。康无耽酷爱医学，家中医药藏书甚多，康建勋耳濡目染也对医学产生了兴趣。康建勋学医一开始就很认真，他系统学习了《本草纲目》的药学理论，并熟读了《黄帝内经》，背诵了《汤头歌》，又高薪请来陕西洛河川著名的中药炮制行家滑新喜，让他带着几个徒弟在康店开了一个中药铺。康建勋有空就和中药铺的伙计一起干活儿，学习医药知识。

随着时间的积累，康建勋逐渐成为当地名医，尤其擅长小儿科，救治了不少孩子。康建勋治病救人，不计亲疏、不计早晚，尽心诊治，留下许多佳话。一次，外村有户贫困农民的孩子病得很厉害，他开了药方后又反复告诫家属病轻了要调药方。下午，他不放心，亲自到患者家中，又给患儿把脉，他感到患儿虽然高热稍退，但是还有复发的可能，可是这家人已经借贷无门，打算听天由命了。了解到病人家庭的困难，康建勋让病人父母到他开的药铺取药，药费全免。像这样药费全免的事情经常有，康建勋与药铺商定了一个暗记，凡是他开的药方上有暗记的一律免费。康建勋自己生活简朴，从不到茶楼酒肆吃喝，也从不吃病人家的饭，不饮病人家的茶，真切地为病人考虑。

一次，一个农民的儿子得了怪病，他给病人开了一副便宜的青黛散，又开了一副贵重的药，说如果前方无效，再用第二个。第二天他想到第二个方子里有巴豆，害怕病人不会处理引起事故，就带药工和伙计赶往病人家。到病人家一看，病人症状全失，第一个方子就医治好了。他把第二个方子要回，让病人再取两剂青黛散巩固疗效。被他医好的病人纷纷登门道谢，他让人记下为什么道谢、治好了什么病、病人现状如何。他把这些材料整理出来，送给当地的从医者传看。

1933 年，民国时期的河南省民政厅长张钫亲书“情深施济”的匾额送与康建勋，以示表彰。别人皆以为荣，但他则愀然不乐，因为民政厅挂匾后，他觉得责任更大了，此后更加兢兢业业地治病救人。

三、救民水火

康氏家族十八世子孙康庭煜，生于光绪二十九年（公元 1903 年）十一月初二，父亲康建琦，母亲刘氏。康建琦四弟康建瑛死后，康庭煜被过继给他家，养母张氏书香门第出身，对康庭煜百般呵护，很早就教其读书、习字、绘画。

1919 年五四运动席卷全国，康庭煜当时正在开封读书，也积极参加到游行队伍中去。经过五四运动的洗礼，康庭煜觉得强国必先强军，他就和几个巩县的同学在堂兄康庭瑞的介绍下进入陕西讲武堂学习军事。讲武堂的学生分为学员班和学生班，学员班成员是从部队中抽调的初级军官，学生班成员是从社会招募的知识青年，教员大多是留日陆军院校的毕业生，教材《步兵操典》是直接从日文翻译过来的。经过一年的严格训练，康庭煜不仅增强了体魄，而且锻炼了意志。

康庭煜从讲武堂毕业后先是被分到辎重营当见习排长，后又被调到警备司令部当副官。让康庭煜失望的是，当时的军队并没有救民于水火，而是争权夺利到处混战。他所在的刘镇华军投靠了吴佩孚，在第二次直奉大战中战败后，康庭煜决定脱离部队回家。

康庭煜侠肝义胆，敬老恤贫在当地是出名的。每逢族亲、朋友急难之时，他总是挺身而出。一次，一个同村康姓的叔叔病故，因没钱买棺材，就用一张草席卷起来准备埋葬。康庭煜从外地回来，看到此景不由得流下泪来。他写了张条子让这家人到棺材铺买了棺材，又给了这家人十块银圆。实际上，买棺材的钱是康庭煜借的高利贷。像这样因为帮助别人，他竟然前后借了几千元，致使债台高筑。虽然康庭煜过继给了康建瑛，康建瑛的家产是由康庭煜继承，可是家产由康庭煜的父亲康建琦掌管，康庭煜并不能从父亲那里得到钱，事实上他也从来不要，所以康庭煜的很多开支都是借贷而来的。康庭煜的妻子因此对康庭煜的父亲很不满，每次都是康庭煜解释、开导妻子，不要与父亲计较。1930 年洛河泛滥，淹掉大片良田。灾后，康庭煜召集康百万家族各家商量，凡是被淹土地的租粮一律免去，受灾较小的给予帮助。虽然已经耽误了农时不能种庄稼，但是他还是指导村民尽快种萝卜、蔓菁等以备荒年。

1929 年至 1930 年，巩县连续灾荒，灾民纷纷外逃。巩县赈务处的负责人陈灼三是康庭煜的亲戚，当时已经 55 岁，身体也不好，他请康庭煜参与赈务处的工作。康庭煜等人先是到徐州、商丘等地购买了几千石粮食，运到巩县后平价卖出，这一下救活了几千人。可是灾民实在太多，他们便商议把灾民迁往东北。康庭煜说服父亲拿出三百块银圆，他和一名赈务处人员前往洛阳专署开了介绍信，再到开封找到河南民政厅，请河南民政厅与奉天民政厅接洽。河南民政厅厅长邓哲熙为康庭煜的真情所打动，不但积极办理公文，还出具证明说康庭煜是代表河南民政厅赴奉天的办事人员。

1929年6月，康庭煜和陈灼三到达沈阳，去民政厅办理迁民事宜。1928年6月24日张作霖被日本人炸死，1929年的东北还极不太平，凡是外地口音的都受到仔细盘查。他们办好手续，立刻回河南。因河南民政厅只负责筹措火车，不负责旅费、生活费，康庭煜和陈灼三又在巩县筹措经费，购买粮食，帮助每个灾民带足半个月口粮，并带足衣服、被褥。但火车出发刚到郑州就被扣下，因车皮是冯玉祥的部下庞炳勋调拨的，那时冯玉祥正和蒋介石开战，占领郑州的是蒋介石部下唐生智，康庭煜被带去见唐生智，唐生智支持移民行动，于是放行。可是，当时是冯阎联合，还要见阎锡山的部下，好在阎军师长赵承绶听了康庭煜的陈述也下令放行，唯一的条件就是在离桥200米处每个人都要下车接受检查。火车到北京丰台后，奉军运输繁忙，根本不给让行。火车在车站等了10多天，灾民带的粮食马上要吃完，康庭煜和陈灼三联系北京的河南巩县同乡会，希望他们提供帮助。有会员说可以帮一些灾民在北京找工作，于是有 100 多人在北京被安置下来。剩下的灾民在半个多月后终于离开北京安全到达沈阳，这些灾民被安置到新民县辽河一带。后来康庭煜又护送两批灾民迁到哈尔滨附近，前后一年多才安置完毕。

1931 年，“九一八”事变爆发，日本侵占中国东北。康庭煜义愤填膺，到处奔走联系康店各学校举行演讲，他向大家讲述自己在东北的见闻和日本帝国主义在东北的暴行，揭露日本侵略者的野心，呼吁大家团结一心共同抗日。当时，马占山的军队号称“东北义勇军”，多次打击日本侵略者，全国很多地方成立了义勇军后援会，捐钱捐物支援马占山的抗日武装。康庭煜对马占山部寄予厚望，在巩县也筹划组织人民捐钱捐物、变卖家产积极支援义勇军。1932 年，有感于康庭煜的壮举，正阳蓝田县知事张仲友、清戊子举人孟广信、豫陕晋绥督办公署秘书康剑青三人联名为他送了一块匾，上书“毁家纾难”四个大字。后来，马占山战败，康庭煜受到很大刺激。

1934年，康庭煜受人之邀到安徽省会安庆市散心修养。在安庆一年多的时间，他对中国官场认识更加深刻，也更加失望。1936年2月，康建琦去世，康庭煜回家为父奔丧。1936年6月4日，思想苦闷的康庭煜举枪自杀，享年36岁。康庭煜的死亡震惊乡邻，为了追念他的美德，全乡群众自发地为他立了一块石碑，碑文正面书写“刚毅恢弘”四个大字，背面记述了他忠贞爱国、侠肝义胆、为乡民排忧解难的高尚品德。①

① 本部分根据以下资料改写：贺宝石、康靖：《康百万家族与庄园》，大连出版社2004年版；李春晓主编：《康百万庄园匾额楹联撷珍》，中州古籍出版社2012年版。

霜露箕裘的栖霞牟氏家风

提起山东栖霞，大家也许首先想到的是栖霞苹果，其实栖霞还有一个庄园名扬天下，因其恢宏的气势、丰富的内涵，被民居专家称之为“百年庄园活化石”，誉为中国“传统建筑瑰宝”，更因为其高度的艺术价值和文化价值，被称为“中国民间小故宫”，这就是大名鼎鼎的牟氏庄园。

牟氏庄园整个呈四合院式结构，“日新堂”“西忠来”“东忠来”三处院落一字并排，南北贯通。各院都是明柱花窗，雕梁画栋，做工精良，造型古朴。房舍井井有序，疏密有致，既主次分明又浑然一体，呈现出北方传统民居的典型特征。1988年，牟氏庄园因其在中国民居中的重要地位，被国务院公布为全国重点文物保护单位。

牟氏庄园的主人牟氏家族自明清以来300多年经久不衰，从初迁始祖牟敬祖在明洪武三年任栖霞县主簿到清光绪废科举，牟家共有京官3人、州官3人、县官61人、举人29人、进士10人，是为十足的官宦之家。牟家从十一世开始经商，历经三代的创业之后，到十四世牟墨林时期牟家的商业达到顶峰。牟氏家族之所以在官场和商场都达到了世人难以企及的高度，历经300年而不衰，归根结底在于他们“霜露兴思远，箕裘继世长”的家训家风。

一、薪火相传

“霜露兴思远，箕裘继世长”，简称“霜露箕裘”。所谓“霜露”，是指春露秋霜，古时子孙在春秋二季因感于时令而祭祀先祖，后来用“春露秋霜”或“霜露”指代对先人的追念。“箕裘”是比喻，指代祖上的事业。《晋书·列传第五十二赞》：“咸能综缉遗文，垂诸不朽，岂必克传门业，方擅箕裘者哉！”“霜露兴思远，箕裘继世长”，意思是说要在追思先人的同时继承前辈的基业。牟氏家族把对祖宗的感恩之心，变换成为对家族基业发扬光大的动力。这样的家训必定会使整个家族的人都奋发有为、励志向上。

将牟家商业王国推到顶峰的牟氏十四世孙牟墨林，是一个传奇式的商界精英。他发家的关键一条是艰苦创业。当时他对一切治家经商的活动均事必躬亲，无论是在家时与长工一起干农活，还是在农闲时修筑河坝，这些粗活重活他一律参加。做生意更是如此，比如去东北贩卖粮食，牟墨林总是要亲眼看到、亲手摸到粮食的成色，更不要说与对方商谈价格这样的大事。靠着这种艰苦奋斗的创业精神，牟墨林一点一滴地积累起自己的家业。

当然，仅仅靠苦干是不会积累巨大财富的。牟墨林出身书香门第，懂得很多商业理念和经营技巧。用现在的话讲，是一个有理论、有实践的企业家。同样是贩运粮食，别人是走水路，从东北运到登州，在登州海港卸船后就批发贩卖去了。之所以如此，是因为从登州到栖霞这段路很不安全，当时饿殍遍野，随时会有饥民和土匪抢劫，很可能运不到栖霞就被抢了。牟墨林为了寻求更大利润，坚持把粮食从登州运到栖霞。他让运粮队分成两队，装上柴草，白天大模大样地从栖霞到登州。晚上，两队合并成一队，在登州装上粮食趁着夜色赶往栖霞，一个晚上就能到达。大队的运粮骡队在官道上疾驰，运粮队赶牲口的都是青壮劳力，如此庞大的队伍，小股土匪不敢轻举妄动，路上如果遇到少量饥民，运粮队会拿出事前准备好的粮食施舍给他们，随遇随舍，不会因为饥民耽误行程。粮食到了栖霞就成为救命粮，牟墨林开出一斗粮食换一亩地的高价仍是人多粮少，甚至会涨到半斗甚至一升粮换一亩地的地步。用这种方式，牟墨林在饥荒年份收购了大量的田地。到牟墨林晚年，牟氏家族已经拥有了4万多亩土地。

牟墨林并非一味地低价进高价卖，更多时候是创造机会增加财富，做的是对双方或多方有利的事。比如，他为了让自己的佃户在灾年能活下来，就降低地租，还免费提供给佃户房子居住。除此之外，他还发明了以工代赈的办法，就是佃户在农闲时到他家设在灵山的看山房里打松柴，他则提供粮食设立伙房，管佃户们吃饭。牟墨林规定“三七分成打松柴”，所谓“三七分成”，就是佃户打的松柴自己得三，牟家得七。这样一来，在农闲时佃户也有了收入，于是纷纷要求加入打松柴，后来不得不规定每家佃户只能出一人参与打松柴。类似农闲时打松柴这样一举多得的做法还有很多，譬如牟家庞大的家业没有专门的家丁看护，这在当时是不可思议的。牟墨林的做法是，由他造枪发给佃户，佃户不仅生产还身兼守护，他给这些佃户另外发放看家护院的工钱，这样佃户不仅提高了收入，也保护了自己。这样形成的主佃一体的“安全捆绑法”，让牟家和佃户休戚与共，大大增加了牟家的安全系数。

二、扶困济厄

牟家自十世祖牟国珑罢官后，就把重心转到

经商上来，自此也确立了“耕读传家”的家风。牟墨林一直秉承着“扶困济厄”的祖训，他并非一味在灾年低价收购田地，更多时候是花高价买地，给跟随自己多年的佃户优先租种权，在灾年时降低或是免除佃户的地租。包括上文提到的农闲时打松柴和以工代赈，也是尽量满足大多数人的要求，缓和矛盾。

1848 年，栖霞县令为了当地的文化发展，提议创立书院，向当地大户募捐。牟墨林不仅带头捐款五百钱，而且在募捐大会上慷慨陈词：“这项捐是吾之夙志也，吾恨不能独立举，吾家科名累累。种豆得豆，过桥拆桥可乎？”后来捻军骚扰栖霞，每次牟墨林都是出钱出力组织抵御，保护大家的财产。咸丰十一年和同治六年，捻军两次袭扰时，牟墨林出资号召 20 多个村的村民修筑工事抵御攻击，并在方山大刘家村修筑石圩，成为离城远者的避难场所。牟墨林对本乡抵抗捻军阵亡的村民给予抚恤，每户发粮食 5 石，而且对临近蓬莱、福山等县躲避捻军的灾民一律留宿管饭，分文不取。在平时抵御土匪时，牟墨林也是联合其他村庄，组建民间武装，这些民兵的一切费用都由他供给。同时，牟墨林请示官府，允许他自费铸造武器分发给民间武装。他的慷慨义举，使他得到一个“林立懿德诏封翁”的称号。

牟氏家族并非牟墨林一个人乐善好施，牟氏六大家在清末民初形成了向难民和贫民舍粥的惯例，一直延续到 20 世纪 40 年代初，100 多年从未间断。牟家有专门的磨房常年磨面，用于舍粥的供应。每天上午 10 点和下午 4 点各施舍一次，前来领饭的每人一个大饼和一碗粥，饼子是小米和黄豆做的，每个约有 2 两，这样可以保证每个人不至于饿死。在牟家施舍的地方，常年有 100 多人领饭，人多时有 300 多人。尤其到了灾年，牟家还在多处搭设粥厂舍粥，牟家的舍粥可以救活栖霞县半个县的人口。有人做过一个粗略的统计，牟家舍粥每年要付出大约粮食 2500 石，占其家族近一半的收入。100 多年时间，牟家以这种方式共捐出了一亿余斤粮食，这样的施舍是罕见的，也是难能可贵的。牟家世代传承了扶困济厄这一优良家风。

为了传承牟氏优良家风，牟家十世牟国珑的哥哥牟国玠晚年撰写《体恕斋家训》18 条，包括“训敦伦”“训守身”“训笃学”“训取友”“训谦恭”等。为了保证这些家训能贯彻落实，牟家还制定了 10 条《体恕斋家训规则》，如果子孙不能谨守家训，规则规定父辈一同受罚。家训把“守法”作为发家致富的上策，把“勤俭”作为修身齐家的善术，把“行恕、修睦、恤下、为善”等作为牟家当家人必须处理好的几个重要关系。渗透着浓厚儒家伦理学说的《体恕斋家训》配以严格的《体恕斋家训规则》，让牟氏家族霜露箕裘、敬天法祖的家风家教深入人心。良好的家庭教育让牟家子孙从小就对这些家训耳濡目染，造就了一代代牟氏子孙以宽厚豁达、乐观平和的心态为人处世、治家持业，从而在山东这个孔孟之乡又崛起了一个簪缨甚盛、人才辈出的商家望族。

重信重义的祁县乔氏家风

山西祁县乔家堡的乔家大院是一座极具北方建筑风格的清代民宅，属于封闭式的城堡建筑，外围是10米高的青砖墙，内部分为6个大院20个小院，呈双喜字形分布。垛口、更楼、眺阁等点缀其中，整个院落布局严谨，设计精巧，层次分明，错落有致，业内素有“皇家有故宫，民宅看乔家”的说法。乔家大院目前已是国家5A级景点，张艺谋导演的电影《大红灯笼高高挂》等许多电影就在此拍摄，电视剧《乔家大院》更是让其知名度大增。

乔家大院的主人乔氏家族是著名的晋商代表，尤其是乔家第四位当家人乔致庸更是把整个家族的辉煌带到了一个新高度。到清朝末年乔家已富可敌国，资产达数千万两白银，在全国各地拥有钱庄、票号、当铺和粮店200多处。乔致庸治家很严，亲自制定6条家规，分别是：一不准吸毒，二不准纳妾，三不准虐仆，四不准赌博，五不准嫖娼，六不准酗酒。同时，他还告诫子孙要远离“骄、贪、懒”，并将《朱子家训》作为其儿孙启蒙必读之书。

一、为善最乐　无私讼公

作为海内闻名的晋商大户，乔家家风以“善”字当头。在乔家大院的正房门楼上高挂着一个匾额，上书“为善最乐”四个大字。乔致庸把积德行善作为治家的根本，乔家是这样说的也是这样做的。乔家大院门口常年拴着三头牛，谁家用都可以牵去，傍晚送还即可。邻居有难、有病需要用钱，乔家总是慷慨解囊。可以说，只要求到乔家，乔家都会无私帮助。乔致庸时常对乔家子孙说：“唯无私才可讼大公，唯大公才可成大器。”据说，乔家曾有一个厨师偷了一瓶香油被抓，当要责罚之时，乔致庸问厨师为何偷油，厨师说自家母亲病重，临死前想喝一口漂着油花的拌汤。乔致庸听了厨师的话，为他的孝心感动，不仅没有责罚他，反而送他一瓶油，让他去尽孝。事情虽小，但是显示着乔家为善的家风。

乔家行善的大事亦多，清光绪三年山西大灾，乔致庸倾全家之力救灾。不仅大额捐款，还广设粥厂，累计使6万多人免予饥荒。这件事被写进祁县县志，赞扬乔家对国家和民众的爱心和贡献。

乔家发迹于清朝末年，在国家大义面前乔家也是义无反顾。光绪元年到三年，左宗棠为收复伊犁等地在新疆用兵，三年的军费开支都是由乔家的大德恒、大德通两大票号存取汇兑。乔家的鼎力支持对左宗棠的胜利起了重要作用，对此左宗棠深为感激，曾亲到祁县乔家大院拜会乔致庸，并欣然为乔家题词：“损人欲以复天理，蓄道德而能文章。”后来李鸿章组建北洋舰队，向全国的富商募捐，乔致庸又慷慨解囊认捐了10万两白银。李鸿章也是大为感动，为乔家题词：“子孙贤，族将大；兄弟睦，家之肥。”

据文献记载，1938 年一支抗日武装路过乔家堡，乔致庸的孙辈乔映奎和乔映璜把刚刚购买的武器全部捐了出来，乔映庚更是把儿子乔倜送到部队从军。乔倜后来成长为一名抗日英雄，在战斗中英勇殉国。

二、勤俭持家　书田历世

乔致庸对待公益慈善一掷千金，而自家过日子则是勤俭持家。如果让他发现有人浪费粮食，他就会命浪费之人反复跪诵《朱子家训》里的“一粥一饭当思来处不易，半丝半缕恒念物力维艰”，直到磕头认错才可以起身。

乔家“书田历世”的家风使他们对自家子弟的教育特别重视，而且对子弟的读书要求也很严。乔家规定，不分男女，不论亲疏，乔家子弟必须读书。乔家礼聘的私塾教师一律是名家大儒，对于聘请的教师礼遇也非常高。教师吃饭时一定是家长陪同，家中招待亲朋，教师肯定是坐首席。平时教师回家或出门都用轿子接送，家长和弟子立于道路两旁恭送，并专门配有两名书童服侍教师的衣食住行。崇高的礼遇让每一位乔家的教师都感恩戴德，倾其所能地教授乔家子弟。乔家“书田历世”的重教家风让他们受益良多，即使到近代已经衰落，乔家仍涌现出很多科学家和教授等高级知识分子。

乔家事业发达与重信重义的家风密切相关，乔致庸虽然是一位商人，但是对儒家修身齐家之道深以为然。他以信义为准则治家，告诫子孙养德行善、勤劳俭朴、富而不靡、贵而不骄。这些家风家教不仅让乔氏家族成为晋商的优秀代表，更是在国家危难之时让乔氏子孙挺身而出成为民族功臣。

厚德载物的靖安陈氏家风

在中国历史上除晋商、徽商、浙商等之外，还活跃着另外一支重要的商界力量——赣商。赣商是中国古代商人最早成形的商帮，又称江右商帮。“江右”是指江西，“江东称江左，江西称江右。盖自江北视之，江东在左，江西在右”(魏禧《日录杂说》)。江右因书院文化发达，自隋唐以来人才辈出，灿若群星，欧阳修、曾巩、王安石、陆九渊、黄庭坚、杨万里、汤显祖、黄宗羲等大名鼎鼎的政治家、思想家和文人造就了底蕴深厚的江右文化。浸润着江右文化的江右商帮在中国古代称雄工商业900多年，在西南的云贵川有“非江右商贾侨居之，则不成其地”的说法，在富饶的湖广也有“无江西商人不成市”的说法。在清末民初的江右商帮中，江西靖安陈氏家族凭钱庄、盐业和当铺经营而崛起成为赣商翘楚，陈氏家族厚德载物的家风更是为人们所称道。

一、心怀天下　诚信为本

江西省靖安县的陈氏家族是我国著名的江州义门陈氏后人，靖安陈氏继承了义门陈氏“家风纯良、家规卓正、家法严明”的美好传统，为人处世心怀天下，生意场上诚信为本。家族中的陈筱梅更是成长为江右商帮的领军人物，店铺遍及大江南北、黄河两岸，积累了巨额财富，被称为“工商业巨子”“金融巨子”，但是他并不为这些虚名所累，而是热心公益慈善事业，后人更多是因为他的善行义举而铭记他的英名。

陈筱梅的父亲陈光春，人称“陈老戴”，靖安县香田乡顾山村人，是江西著名的财主。陈老戴原来立志要成为一名学者，为了生计不得不经商，一家人做点小本生意。后来，一股广东叛军自粤入赣到达靖安，陈老戴的母亲和妻子不甘侮辱投塘自尽。经此变故，陈老戴反而化悲痛为力量，更加专心地经营自家生意。当时，太平军阻断了长江流域的盐道，清政府为了筹集军饷发布允许私人经营盐业的政令，陈老戴第一个响应，毅然进军盐业市场。在经历了开始时的挫折之后逐渐走上了坦途，陈老戴很快就成为当地富甲一方的财主。

陈筱梅是陈老戴的三子，江州义门陈氏第三十七世孙，生于咸丰三十一年（公元 1861 年）。他自幼刻苦好学，饱读诗书，24 岁时就中了举人，可是后来两次参加科举考试都没有考取功名，于是父亲就给他捐了一个官，为刑部郎中笺分广东司行走。陈筱梅出众的才华和耿直的人品让他很快在官场中脱颖而出，历任安徽省求是学堂总办、安徽省商务总办、商部议员督办安徽全省商务，后转至湖北任资政大夫，不久回江西任南浔铁路总董。在家乡陈筱梅也是尽心尽力，曾著有《南浔铁路调查记》一书。1911 年武昌起义，江西响应，陈筱梅被任命为江西省财政部部长。1912 年陈筱梅弃官从商，之后在商界取得了重大成就。

陈筱梅凭借父亲积累的家业，在南昌创立“乾大信”“德大信”钱庄以及“生昌信”盐号，随着生意的逐渐扩大，又在上海、天津、武汉、北京、扬州等地创立分号。在南昌，陈筱梅还有滕王阁货运码头和仁字盐仓。后来，他又在靖安、南昌、奉新、新建等地买下大量田产，专设“霭吉堂”经营管理。

生意越做越大的陈筱梅更加注重信义，民间曾流传很多佳话。一天，一个人满头大汗地跑到乾大信钱庄，一脸愁苦地告诉钱庄掌柜，自己家里失火，把存在乾大信钱庄的凭据烧了，他来这里问怎么办。刚好陈筱梅巡查各处也在钱庄，他让掌柜和伙计马上帮这个人寻找钱庄的存档，找到存档仔细核对无误后，连本带息全部给这个人兑付了现金，那人欢天喜地、千恩万谢地走了。陈筱梅重信用的名声也因此不胫而走。

二、乐善好施　慈善为怀

陈筱梅生意做得很大，做公益的影响更大。

他以“要慈善为怀，取之于社会，用之于社会”为信条，做了不少回馈社会的善行义举，他也因慈善事业卓著被推举为江西省慈善总会会长。

陈筱梅热心为寺庙道院捐助，他曾为青云谱道院（今八大山人纪念馆）捐款，并捐田。《南昌市志六·青云谱》记载：“尤得靖安陈筱梅多次捐款，而获巨款，大兴土木。自光绪二十六年（公元1900年）至1913年，先后修建了许祖殿、玉皇楼、吕祖、关帝二殿、三宫殿、祖宗堂、鹤巢、黍居、斗老阁，总计费款不下五万金。”青云谱道院经此修缮，恢复成为一座地道的江南园林建筑。青云谱道院的历史最早可以追溯到2500多年前的东周第十一代国君周灵王时期，据说当时周灵王之子修建此处并在此炼丹，东晋时道教净明派始祖许逊在此创办道院、传播道教。2000多年来，很多名人在道院居住，著书立说。但到陈筱梅捐助时，道院已是破败不堪。陈筱梅的捐助让青云谱道院重新焕发了生机。1959年经政府批准，成为我国第一座画家纪念馆——八大山人纪念馆。

1915年，南昌万寿宫（翠花街妙济万寿宫）不慎失火，几乎全部被毁。这次，陈筱梅不仅捐助了大量钱款，还以江西省慈善总会会长的名义向其他江西商人募捐。万寿宫在陈筱梅的亲自指导下，历经4年终于落成。陈筱梅特意请末代帝师、京师大学堂总监督、著名宫廷书法家同时也是他的亲家朱益藩先生题写了万寿宫前后匾额。金碧辉煌、美轮美奂的万寿宫重新开放时引起南昌全城轰动。江西省道教协会现在就设在这里。

陈筱梅更多的慈善活动是面向广大贫苦百姓。当时每天都有数千人往来赣江两岸，尤其是赣江北岸前往南昌渡江的人很多，经常有因风大浪高而船毁人亡的事情发生。见此情景，陈筱梅斥资购买了几艘大型机动轮船，免费送两岸行人渡江。为了让这件善事持续下去，陈筱梅出资在滕王阁遗址右侧购置房屋设立义渡局，专门负责两岸行人乘机动轮船渡江事宜。

筑路也是陈筱梅经常从事的义举。为了当地人出行方便，陈筱梅捐资在新建县长头陵修筑了一条20里长的花岗岩石路通往望灏岗，并在道路两侧建设凉亭供路人纳凉避雨。陈筱梅不仅修桥筑路，他还在南昌、北京、上海、武汉、南京等多处购买房屋设立靖安会馆，免费为出门在外的老乡提供食宿。为了解决靖安的贫困，陈筱梅在靖安开办了靖安贫民工艺厂，招募当地贫民进厂务工，并用以工代赈的方式解决人们繁重的苛捐杂税。陈筱梅是一位眼光高远的商人，为了靖安的长远考虑，他还在靖安设立“义学”，招收贫民子弟入学，为他们提供免费教育。除此之外，陈筱梅多次在南昌举办向贫苦人家施粥、施舍药物、捐赠御寒冬衣、捐助棺木等解人一时之困的慈善活动。

家乡的人们感念他的恩德，到处传颂他的英名，但是他本人却从来不以此自诩，并时时告诫子孙保持“厚德载物物始昌”的家风。现在，靖安陈氏家族的子弟大多已经不再经商，但是他们谨遵祖训，弘扬先人家风，在文化、教育、科研等领域取得了突出的成就，很多人成为专家学者。

以身示范　睦族善邻

千百年来，中华民族的优秀家风薪火相传，光大了中华民族的优秀家文化，其中许多庶民百姓家门雍睦，养正于蒙，敦亲善邻，里闾闻风。正是这些普通的百姓家风，熏陶出了无数忠臣孝子、义士仁人；正是这些普通的百姓家风，汇成了中华民族泱泱文明之风。

仁心醇厚的袁氏家风

在中国家训发展史上，有一部在形式上极具特色的家训，这就是明代的《庭帏杂录》。

《庭帏杂录》由袁衷、袁襄、袁裳、袁表（后改名袁黄）、袁衮兄弟五人回忆、整理父母平时对他们的训示而成，每人撰写一部分。他们的父亲袁仁（公元1479—1546年），字良贵，号参坡，是个乡村医生，虽说一生“不干禄仕”，却是一个博学惇行、医术精到的醇儒。袁仁不仅与沈周、唐伯虎等为文友，还与大学者王阳明、王艮、王畿等有交往。袁仁的儒学造诣很高，这从孩子们回忆他的论学之道就不难看出来。兹引用几则：

> 作文、句法、字法，要当皆有源流，诚不可不熟玩古书，然不可蹈袭，亦不可刻意

摹拟，须要说理精到，有千古不可磨灭之见，亦须有关风化，不为徒作，乃可言文。

文字最可观人。如正人君子，其文必平正通达，如奸邪小人，其文必艰涩崎岖。

士之品有三：志于道德者为上，志于功名者次之，志于富贵者为下。近世人家生子，禀赋稍异，父母师友即以富贵期之。其子幸而有成，富贵之外，不复知功名为何物，况道德乎？

从《庭帏杂录》的记载来看，袁仁对孩子们的教诲，非常注意循循善诱、教勉结合，无论是论学问还是谈修身，都显得极其亲切朴实，给人教益启示。

袁仁的夫人李氏，是一个极为普通的家庭妇女，在中国封建社会中甚至连正式的名字都没有，儿子们也没有记载她的名讳。这位连名字都没有留下来的妇人却是一个品德极为高尚的女性，依照中华民族的传统美德，李氏是一个标准的贤妻良母，她相夫教子、勤俭持家、体恤亲邻、宽以待人。尽管中国几千年的家训教化史上不乏孟母断机教子、田稷子母训子勿贪、陶侃母封鲊诫子、岳母刺字“精忠报国”这样一些贤母的训子史实，但毕竟是零星事迹的记载。《庭帏杂录》则不然，它较为全面系统地记录了这位贤惠的家庭妇女在诸多方面对子弟的身教。

正是因为她的几个儿子将她与丈夫平日的教诲尤其是她本人以身立范、立教的事实记录下来，我们才得以了解这位名不见经传的平凡女性伟大的人格，获悉她对儿子们身教重于言教的家训实践。也正是这位女性与丈夫对子弟的耳提面命，特别是她的身体力行、率先垂范，才培育了为人称道的优秀的庶民家风。这里我们着重阐述李氏对儿子们的家训教化，以及她努力培育优良家风、濡染子弟品行的风范。

一、 以后母胜亲妈的慈母之情给孩子无微不至的关怀

袁仁的原配妻子王氏，在他 38 岁时去世，

留下两个年幼的儿子。李氏是作为“填房”嫁给袁仁的，一般说做好后母难，但李氏做得很好。她对袁仁前妻王氏所生的两个儿子袁衷、袁襄视如己出，以高尚的人格给非亲生儿子更多的母爱和关怀，关心照顾比自己的亲生儿子更多。

据她自己的亲生儿子袁裳记载，一个夏雨初霁的日子，袁仁要几个儿子赋诗。袁裳的诗先写好，父亲读了击节称赞。这时正巧有人送来葛布，父亲便让裁缝做了一套衣服作为奖励。母亲李氏知道了这件事以后，对他说：“你两个哥哥没有新衣服穿，你怎么能先穿呢？就因为你的诗写得好，就能享受穿新衣服的待遇，你把你的两个哥哥置于何地？”说完，硬是将袁裳的新衣脱下藏了起来。等到她给袁仁前妻的两个儿子都做了一套同样的衣服以后，才让袁裳与他们一起穿。

袁仁的二儿子袁襄回忆说：“吾母爱吾兄弟逾于己出，未寒思衣，未饥思食，亲友有馈果馔，必留以相饲。既娶妇，依然呴育，无异髫龀（垂髫换齿之时，即童年）也。吾妇感其殷勤，泣语予曰：‘即亲生之母，何以逾此。’”真是一个令人钦佩的后母，连儿媳都哭着评价她即便是亲生母亲也难以做得比她更好！以心换心，袁仁前妻的两个儿子对母亲李氏也极为孝敬，娘家哪怕拿来一点点东西，儿子媳妇们也都是先送给母亲吃。

特别令人感动的是，李氏对丈夫前妻之子的关心绝非仅仅是在生活上。为了培养孩子孝亲敬长的品质，为了使他们记住亲生母亲的养育之恩，李氏居然每天都虔诚地亲自带领两个不懂事的孩子祭奠他们的生母。丈夫前妻的长子袁衷深情地回忆道：“先母没，期年，吾父继娶吾母来时，先母灵座尚在。吾母朝夕上膳，必亲必敬，当岁时佳节，父或他出，吾母即率吾二人躬行奠礼，尝洒泪曰：‘汝母不幸蚤世，汝辈不及养，所可尽人子之心者，惟此祭耳。’”

做后母的，谁不希望丈夫前妻的孩子忘记自己的生母？更何况如袁衷所说，“予辈不自知其非己出也”。几岁的孩子，基本不太记事，而李氏不仅自己每天早晚毕恭毕敬地祭祀袁仁的前妻，而且经常亲自带两个非亲生的儿子祭祀他们的生母，要他们勿忘母亲的生育之恩。这是何等博大的心胸和多么高尚的道德人格！正因为如此，袁衷在《庭帏杂录》中记载此事及母亲李氏的教诲后接着告诫后辈："为吾子孙者，幸勿忘此语。"

二、以仁心厚德培养孩子宽以待人的品性

李氏是一个非常宽厚慈祥的人，她也非常注重培养孩子待人宽厚的品质。儿子们回忆说，有一个富家乘着条大船娶亲经过李氏门前的河流时，撞坏了她家的船舫，邻居抓住船主要其赔偿。李氏听说后，先问新媳妇是否在船上。当知道新媳妇在船上时，立即要邻居放人家走，理由是如果要船主赔偿，婆家必然以为不吉利而怪罪新媳妇。

家训还记载了一件很感人的事情。有一次，儿媳偶尔得到一条鳜鱼，就亲自下厨烧了让小男

仆胡松给婆婆送去。过了一会儿见到婆婆，便问鱼烧得如何？李氏开始一愣，旋即说好吃。媳妇见状怀疑是仆人偷吃，核实后就来问婆婆没吃何以说吃？李氏笑答："汝问鳜，则必献；吾不食，则松必窃。吾不欲以口腹之故，见人过也。"李氏的回答是：你问我吃鳜鱼了吗，肯定是让人给我送来了；我如果说没有吃，那么必然是胡松偷吃了。我自己不想因为满足口腹之欲，而使胡松因过受罚。一般人家，肯定对胡松这种仆人严加责罚，而李氏回答得竟如此轻描淡写！

李氏的高风亮节尤其体现在她对邻居沈氏的宽容和忍让上。沈氏与袁家有世仇，袁家有一株桃树枝伸到墙外，沈家就将树枝锯掉了。儿子跑来告诉她，她说，应该锯。沈家有棵枣树也有一枝伸到了袁家墙内，枣子刚结出来，李氏就嘱咐儿子们，不许吃邻居家的一枚枣，并让仆人好生守护。枣子熟了，差人请了沈家的女仆过来，当面摘下让其拿走。还有一次，袁家的羊跑到沈家的园子里，被沈家打死；次日，沈家的羊正巧也跑到袁家来，仆人们大喜，正要报复，被李氏拦住，命人送还沈家。更让人敬佩的是，沈家人生了病，不仅袁仁亲自上门诊治，以药相赠，而且李氏还动员邻居们为沈家捐款，并送给沈家一石米。正是因为李氏的宽容大度，才化解了两家的矛盾和仇恨，使得“沈遂忘仇感义，至今两家姻戚往还”。

三、以乐善好施的行为培养孩子体恤贫穷的美德

李氏一生乐善好施，对生活贫困的亲戚更是关照。儿子说：“远亲、旧戚每来相访，吾母必殷勤接纳，去则周之，贫者，比程其所送之礼，加数倍相酬；远者，给以舟行路费，委屈周济，惟恐不逮。”

李氏教育家人，自家生活节俭些，以便省下些钱物周济贫穷。小儿子袁衮记载的一件事，足见李氏的仁慈之心及其对晚辈处世态度的影响。篇中说：“九月将寒，四嫂（按即袁表之妻）欲买绵，为纯帛之服以御寒。母曰：‘不可，三斤

绵用银一两五钱，莫若止以银五钱买绵一斤，汝夫及汝冬衣，皆以枲为骨，以绵覆之，足以御冬。余银一两，买旧碎之衣，浣濯补缀，便可给贫者数人之用。恤穷济众，是第一件好事，恨无力不能广施，但随事节省，尽可行仁。’”李氏嘱咐儿媳节俭持家，将价钱贵的丝绵换成价钱便宜的棉絮，目的是将省下来的钱买衣服送给穷人御寒，有多少人能做到?

四、从小时、小事入手塑造孩子为人处世的良好品质

李氏既注重在孩子小时加强教育，也十分注意从点滴小事上培养孩子的良好品德。袁衷说母亲对他们“坐立言笑，必教以正，吾辈幼而知礼”。小儿子袁衮谈到，自己小时，有次家童阿多送他和哥哥上学，回来时，见路边的蚕豆刚熟，阿多就摘了一些。母亲见了，严肃地教育他们说：“农家辛苦耕种，就靠这些作为口粮，你们怎么能私摘人家的蚕豆呢?”说完，命送一升

米赔偿人家。

袁裳有一段回忆母亲与小商小贩进行贸易的故事。他说："吾父不问家人生业，凡薪菜交易皆吾母司之。秤银既平，必稍加毫厘，余问其故，母曰：'细人生理至微，不可亏之，每次多银一厘，一年不过分外多使银五六钱，吾旋节他费补之，内不损己，外不亏人，吾行此数十年矣，儿曹世守之，勿变也。'"李氏作为家庭主妇，每次购买柴米蔬菜之类的东西，付给人家银子时平秤都不行，她总是再加上一点。袁裳对此很不理解。李氏却利用这件事，教育儿子宁可自己吃亏、也不让人家吃亏的道理。她开导儿子，这些小商贩做生意不易，所以不能让人家吃亏。她告诫儿子，自己几十年都是这样做的，要求儿子世代遵守这个规矩，不能改变。

养正于蒙，是我国古代家庭教育的一个基本原则，也是我们民族的一个优秀传统。作为一个普通的家庭妇女，李氏将这一原则朴素地运用于教子实践中，并且取得了很好的效果，这从她的儿子们的记述中可以看出。

李氏对子弟的教诲和以身立范、立教的实践是我国女子家训教化的一个很有特色的代表，她本人的高尚品质和言行中所表现出来的治家、处世的灼见，正集中体现了中国女性的传统美德。正如袁衷的内兄、整理订正这篇家训的钱晓在篇末的附言中所评价的那样："李氏贤淑有识，磊磊有丈夫气。观兹录可以想见其人矣。"读此家训，方知不是虚言。[①]

正是李氏这样一位普普通通的女性，让我们领略了中华民族庶民百姓的醇厚家风；也正是这位普通女性精心营造的优秀家风，将几个儿子都教化为品行端正、德才兼备的人。这些孩子或子继父业，成为治病疗伤的名医；或科举入仕，成为造福一方的贤官良吏。其中以四子袁表的成就和影响最大。

袁表（公元 1533—1606 年），字坤仪，后改名袁黄，号了凡，即著名的善书《了凡四训》的作者。袁了凡在万历十四年（公元 1586 年）

---

① 上述主要内容根据笔者《〈庭帏杂录〉与李氏的以身立教》一文改写，该文发表于《少年儿童研究》2005 年第 6 期。

考中进士，先后任宝坻知县、兵部职方司主事。他在宝坻任知县时，关心民生，从家乡引来耐盐碱地的稻种试种，获得成功，是将南方的水稻引进到北方的第一人。袁了凡博学多才，精通医药、天文、术数、水利、兵政，除著有《了凡四训》之外，还著有《立命编》《袁了凡纲鉴》《两行斋集》《静坐要诀》《皇都水利》等著作。日本学者酒井忠夫在其《中国善书研究》中指出："袁了凡的学问和思想创造的原因是他的家庭传统对他的影响。"

袁仁夫妇尤其是李氏仁爱宽厚的品德，培育了忠义醇厚的良好家风。比如，李氏建议儿媳用丝绵换棉絮以多做几件棉衣赠送穷人的家教家风，就深刻影响了袁了凡夫人。有一天，袁夫人为儿子做棉衣，想买棉絮做里衬。袁了凡问夫人："家里现成的丝绵轻便暖和，为何要买棉絮呢？"夫人回答："丝绵贵，棉絮便宜，我想把家里的丝绵拿去换成棉絮，这样可以多做几件棉袄，送给那些贫寒的人家过冬！"袁了凡的夫人不仅非常贤慧，相夫教子，还经常与丈夫一起行善布施，按照袁了凡的“功过格”方法修养自己。

袁了凡撰写的家训名篇《了凡四训》，就是为训导儿子袁俨而作。在袁氏家族优秀家风的熏陶和袁了凡的教诲下，袁俨与父亲一样成为一位品行端正、呕心沥血造福百姓的清官廉吏。“据嘉善史志记载，袁黄的儿子袁俨，少承家学，修身律己，博极群书，于天启五年（公元1625年）考中进士，任广东高要县令。《嘉善县志》载，袁俨为官清正，鞠躬尽瘁。天启七年（公元1627年），高要县夏水加秋涝，城中水深三尺，袁俨奔走救灾，‘暑雨中竭力求援治苫……细看贫户，目不暇睫，劳瘁呕血，犹亲民事，遂至不起。归途囊箧萧然，士民市唁，巷哭如丧所生。’死时年仅47岁。袁俨死后与其父共同崇祀嘉善、吴江两地乡贤祠，袁黄的孙辈也是人才辈出。”①

实际上早在袁仁之前，袁氏家族就有深远的家学渊源和醇厚浓郁的优良家风。袁氏在元末就

① 陈延斌：《论袁黄的家训教化与功过格修养法》，载《武陵学刊》2016年第5期。

是当地的望族，祖上虽受“靖难之役”的牵连，世代不得参加科考，但勤奋好学、行仁尚义的优秀家风传承一直不衰。袁仁的曾祖袁顺就是饱读诗书的学者，他重气节、好礼义、乐于助人。他与同邑好友“订礼义之社”身体力行礼义之学，致使“人皆勇于为善而奔义若赴”，大大影响了乡里为善风尚的形成。[①] 袁顺的儿子袁颢（公元1414—1494年），即袁仁的祖父，还专门为子孙们撰写了《袁氏家训》，提倡救世助人、积德累善，教导家人子弟要做一个“操履之正”的“良民”。他说：“吾家既不求仕，则已绝意于荣贵，而操履之正，自是吾人当行之事，言必缔审，行必确实，而读书明道，约己济人，绝无分毫望报之意；庶儿学问日进，道德日茂，而可以无愧于良民也。”[②] 袁仁的父亲袁祥也是宽厚的仁者，《庭帏杂录》记载袁仁父亲关爱奴仆的故事。袁仁告诫儿子说：“汝祖生平不喜责人，每

---

① ［美］包筠雅：《功过格——明清社会的道德秩序》，浙江人民出版社1999年版，第67页。

② 袁颢：《袁氏家训丛书·民职》，上海图书馆藏。

僮仆有过当刑，辄与汝祖母私约，我执杖往，汝来劝止。”他说自己也受父亲影响，“终身未尝以怒责仆，亦未尝骂仆”，要儿子们世守宽厚忍让的家风。

型家应物的温氏家风

《温氏母训》是明代家教严正的家庭妇女留下的一篇著名家训读物，《四库全书》以《温氏母训》为题收入。

本书“著作权”的所有人温母，姓陆，按封建社会对已婚普通妇女的称呼，应叫“温陆氏”。此人生卒年不详，是明代官吏温璜之母。温璜（公元 1585—1645 年），初名以介，字于石，后改名梦兆，字宝忠，乌程（今浙江湖州市南浔区）人。温璜三岁时，父亲就去世了，母亲陆氏靠纺纱织布将温璜拉扯大。

《温氏母训》是温璜对其母平日教诲的记录。这篇家训篇幅虽然只有寥寥两三千言，然而影响却很大。由于家训基本内容是对为人妇、为人母者相夫教子的训诫，因而还作为女教读物，被清代陈宏谋收入《五种遗规·教女遗规》中，被誉为封建时代女子“立身行已之要，型家应物之方”。

因为是平日的教诲之语，故家训没有体系，只是一段段的语录汇辑。此外，家训又极其通俗，近乎白话，且杂以大量的方言俚语。从家训的内容看来，温家是极其普通的百姓之家，温母也不可能自幼饱读诗书，恐怕是识字不多或不识字的家庭妇女。然而，这并不妨碍《温氏母训》的价值。这篇家训中有许多思想见解对于今天的家庭教育仍有不少裨益，也正是温母注意平时对儿子的教诲训示，营造了温氏的忠信家风，才培养出温璜这样一门忠烈。

据《温氏母训》记载，在持家之道方面，温母要求重德轻利、体恤贫穷。她以极为通俗生动的语言，批评“世人眼赤赤，只见黄铜白铁，受了斗米串钱，便声声叫大恩德”。她主张应该向那些品德高尚、“道貌诚心”的人学习，这样才能终身受用不穷。她嘱咐家人不要贪富，因为富而不俭，反会败家，关键是要勤俭持家。她说：“做人家切弗贪富，只如俗言‘从容’二字甚好。富无穷极，且如千万人家浪费浪用，尽有窘迫时节。假若八口之家，能勤能俭，得十口赀粮；六口之家，能勤能俭，得八口赀粮，便有二分余剩，何等宽舒，何等康泰！”她在谈到自己何以在困难的情况下仍能不卖田地时说：“吾宁日日减餐一顿，以守尺寸之土也。”

温母告诫家人子弟为了人格尊严，要自强自立。她列举穷人容易受到不公正对待的例子，激励儿子发愤努力，自立于世。“贫人未能发迹，先求自立。只看几人在坐，偶失物件，必指贫者为盗薮；几人在坐，群然作弄，必持贫者为话柄。人若不能自立，这些光景，受也要你受，不受也要你受。”

她以自己孤儿寡母的亲身感受，特别强调不要轻易接受人家的恩惠。她认为“寡妇勿轻受人惠”，原因是“儿子愚，我欲报而报不成；儿子贤，人望报而报不足”，说自己“我生平不受人惠，两手拮据，柴米不缺，其余有也挨过，无也挨过”。质朴的话语生动地展现了温母自立自强的形象。

尽管家庭并不富裕，温母还是教育家人要尽可能周济亲邻，乐善好施。她告诫家人，对贫穷亲友应该尽力帮助，不要与他们计较："周旋亲友，只看自家力量随缘答应，穷亲穷眷，放他便宜一两处，才得消谗免谤。"她告诫儿子："但愿亲戚人人丰足，宁我只贫自守。若使一人富厚，九族饥寒，便是极缺陷处，非大忍辱人不能周旋其间。"温母还分析了"世间轻财好施"的人反倒对自己亲人吝啬的原因，她认为这是因为一来施舍给别人恩惠，别人会感谢不已，而骨肉至亲则视为当然；二来外人借贷不至于一而再、再而三，至亲不然，这样"哑子吃黄连，说苦不得"。尽管如此，温母还是要求家人，决不可因此对亲属的困难坐视不救。她说："或兄弟而父母高堂，或叔侄而翁姑尚在，一团情分，利斧难断，稍有念头防其干涉，杜其借贷，将必牢拴门户，狠作声气，把天生一副恻怛心肠，盖藏殆尽，方可坐视不救。如此，便比路人仇敌，更进一层。岂可如此？汝深记我言。"

在交结朋友方面，温母告诫儿子，要交品行

端正的益友而不要交“匪人”，即“闭门课子，非独前程远大，不见匪人，是最得力”。她要儿子宽以待人，看人所长，勿计较其短。她说：“汝与朋友相与，只取其长，弗计其短。”她还告诉温璜，对不同性格气质的朋友应采取不同的态度方法处之，“如遇刚鲠人，须耐他戾气；遇骏逸人，须耐他罔气；遇朴厚人，须耐他滞气；遇佻达人，须耐他浮气。不徒取益无方，亦是全交之法”。这的确是一种极有见地的交友观。对于同堂同室同窗中的坏人，温母仍要儿子心存厚道，不要与他们计较。她说：“凡人同堂同室同窗多年者，情谊深长，其中不无败类之人。是非自有公论，在我当存厚道。”

为人处世也是温母教子的重要内容。温母在家训中讲了一个温璜祖父还钱的故事，谆谆教导儿子应诚实做人，讲究信用。原文如下：

> 汝大父赤贫，曾借朱姓者二十金，卖米以糊口。逾年朱姓者病且笃，朱为两槐公纪纲，不敢以私债使闻主人，旁人私幸以为可

负也。时大父正客姑熟，偶得朱信，星夜趱归。不抵家，竟持前欠本利，至朱姓处。朱已不能言，大父徐徐出所持银，告之曰："前欠一一具奉，乞看过收命。朱姓蹶起颂言曰："世上有如君忠信人哉！吾口眼闭矣，愿君世世生贤子孙。"言已，气绝。大父遂哭别而归。家人询知其还欠，或骇之，大父曰："吾故骇，所以不到家者，恐为汝辈所惑也。"如此盛德，汝曹可不书绅。

这段故事很感人。讲述的是温璜的祖父穷困潦倒时，曾经向一个姓朱的人借了 20 两银子贩卖大米以养家糊口。这银子是姓朱的私自用主人的钱借出的，不敢让主人知道。后来这个姓朱的人病危，家人都庆幸这下钱可以不还了。谁知正在苏州的温璜祖父偶尔听到这个消息，竟然连夜赶回，家没归就直奔病人床前，将本、利一并还上。气息奄奄的朱姓病人竟然感动得坐了起来，说："世上还有像您这样讲究忠信的人吗？我死也瞑目了，祝愿您温家世世生贤孝子孙。"言罢气绝。祖父哭别而归，家人都说他傻。他却说："我是傻，我之所以不先回家，就是怕受你们的迷惑。"讲完这个故事，温母赞道："如此盛德，汝曹可不书绅！"

温母是一个很有见识的妇女。譬如，在温璜请教何为幸福快乐的问题时，温母回答："不放债、不欠债的人家；不大丰、不大歉的年时；不奢华、不盗贼的地方，此最难得。免饥寒的贫士，学孝弟的秀才，通文义的商贾，知稼穑的公子，旧面目的宰官，此尤难得也。"这种对人生的看法，尽管含有安于现状的保守成分，但基本上还是值得肯定的。又如，她在谈到体罚教育不可取时说："古云'棒头出肖子'。不知是铜，打就铜器；是铁，打就铁器。若把驴头，打作马面，有是理否？"温母在谈到男子在治家从政方面时告诉儿子说："作家的，将祖宗紧要做不到事，补一两件；做官的，将地方紧要做不到事，干一两件，才是男子结果。高爵多金，不算是结果。"也就是说，男子居家兴业，能把祖宗没有干成的大事干成一两件，为官能为一方百姓干成一两件关系民生的大事就算合格了，至于做多大、增加多少俸禄都无关紧要。温母不要求儿子追求高官厚禄，而要求造福地方百姓的教育，对于温璜后来出仕为官产生很大的影响。

《四库全书》的编纂者评价《温氏母训》："语虽质直而颇切事理。"还有的刊印者评论这篇家训说："温母之训，不过日用恒言，而于立身行己之要，型己应物之方，简该切至，字字从阅历中来，故能耐人寻思，发人深省，由斯道也，可不愧须眉矣，岂仅为清闺所宜则效哉！"①这些评价基本上是中肯的。的确，温母非常注重从实际生活中教育孩子、从平日的言行中影响孩子，这在家训中多有反映。比如，家训中记载温母与儿子讨论东晋名将陶侃母子的故事：

> 温母"问介（按温璜初名'以介'），侃母（即东晋名将陶侃母亲）高在何处？介曰：'剪发饷人，人所难到。'母曰：'非

① 转引自梁汝成标注：《蒙养书集成》（二），三秦出版社1990年版，第141页。

也。吾观陶侃运甓习劳，乃知其母平日教育有本也。’”

在温母看来，侃母之高不在于她剪掉头发换钱以招待儿子的朋友，而在于平日对儿子的教育，这是温母从陶侃为实现恢复中原之志天天搬砖锻炼体力和意志的举动中悟出的道理。正因如此，温母非常注重对温璜的教育。

温母的家教是成功的，她培养出了一个孝子，一个忠君报国的忠臣。

据史书记载，温璜于崇祯十六年考中进士，授徽州府推事官。南京沦陷后，徽州府官员纷纷逃散，温璜叹息道：“城无主，人民奈何？”于是率领军民坚守抵抗不降。温璜经常握着佩刀感叹道：“我的身家将来要托付给你啦！”为了避免贻害当地捐助军饷的百姓，他将捐款名单全部焚毁，并将幼小的儿子托给乡下的房东抚养，与妻茅氏同住在府署。他的堂弟温以中力劝温璜夫妇急速回老家南浔隐匿，温璜却镇定自如地回答：“守土有责是做臣子的义务，我当与徽州城共存亡，希望你保护你嫂子和侄子回故土，不要以我为念。”堂弟无奈，转而央求嫂子跟他回老家。岂料茅氏面色严肃地说：“夫死异乡，妇遁故里，于心忍乎？夫愿尽忠，妇不守节，于义安乎？指天立誓，愿殉死一处！”堂弟温以中只得洒泪而别。

不久，徽州城因郡中故御史黄澍献城降清，温璜全家自杀殉节。那天当清兵入城大难临头时，温璜慨然对妻子茅氏说：“吾生平学为圣贤，不过求今日处死之道耳！”但他还是对亲人下不了手，在屋里团团转。茅氏对他说：“我知道你是担心我和长女受到清军侮辱，我们先死，以杜绝你的惦念。”她要丈夫杀死自己和女儿。当时女儿已经睡觉，茅氏将她叫醒。女儿问母亲何事？母亲答曰：“死尔！”女儿便从容引颈就死。手刃妻女之后，温璜自刎，因连刃妻女手软，虽割破喉咙但没有死。次日苏醒以后，清兵首领劝温璜说：“温先生何苦，我领兵南来，从未见过像你这样的，你何苦呢？”但温璜坚决拒绝医治，最后以双手从创口挖入失血而亡，死时 61 岁。

温璜死后，乾隆四十一年赐谥“忠烈”。

《四库全书》的编者在撰写《温氏母训》的提要中，转引了这段史实以后，赞扬温璜“其气节震耀一世，可谓不愧于母教”！同时高度评价温母家教：“知其家庭之间素以名教相砥砺，故皆能临难从如是，非徒托之空言者也。”原刊印者在《跋》中，也评论温母“所身教口授者，信乎家法有素而贤母之造就不虚也”。[①]

① 影印文渊阁《四库全书》第717卷，第522页。

垂训后世的柏庐家风

中国传统家训文献卷帙浩繁，但在民间影响最大的莫过于《治家格言》。

《治家格言》，世称《朱子家训》，是我国古代的家教名篇，被尊为“治家之经”。该篇自清代至民国年间一度成为童蒙必读课本之一，流传甚广，当时大江南北许多人家厅堂之上都挂有《治家格言》，作为治家教子的座右铭。现在去西递、宏村等古镇旅游，还能在一些人家的照壁、祠堂等处看到书写或雕刻的《治家格言》全文，可见这篇家训文献遗产的恒久魅力。

《治家格言》的作者朱柏庐（公元 1627—1698 年），名用纯，字致一，江苏昆山人，清代学者。朱柏庐的父亲朱集璜（公元 1597—1645 年），字以发，是明代的岁贡生。据《明季南略》记载，朱集璜“素有学行，为乡井所推。

南京既亡，邑人议拒守；而县丞阎茂才已遣使投诚，用为知县。乙酉六月，士民起义兵斩茂才，推旧将王佐才为兵主，迎旧令杨永言入城拒守。永言，河南人；善骑射。抗御若干日，集璜协守甚力。七月初五日，清兵至城下；初六日，炮击西城，溃而入。集璜被执，大骂不屈，见杀”。可见，朱集璜是一个“素有学行”、颇具气节操守的士人。

父亲死后，朱柏庐悲痛万分，他在父亲墓旁盖小屋守墓三年。父亲朱集璜的气节操守、家教家风深刻影响了朱柏庐。朱柏庐一生继承父志，坚守民族气节，不与清朝朝廷合作，这从他因仰慕晋人王裒（bāo）“庐墓攀柏”之意取号“柏庐”便不难看出。

“柏庐”这个号具有深刻寓意，因为朱柏庐与王裒的家世遭遇极为相似。王裒的父亲王仪担任司马一职，因直言得罪了司马昭而惨遭杀害。父亲被杀后，王裒在其父墓旁筑屋而居，每日朝夕在墓前跪拜，攀柏悲号，泪洒树枝。王裒虽博学多才，但父亲死后，他隐居乡下，以教书为业，且从此终身不面向西坐，表示永远不做晋朝之臣。司马炎建立晋朝后，非常仰慕王裒的德才，不仅给王裒之父王仪平反昭雪，还屡次邀请王裒到朝廷为官，但王裒坚辞不就。

朱柏庐像王裒一样，在父亲死后，坚决不与杀害自己父亲的统治者合作。清康熙十八年（公元1679年），朝廷为了笼络汉族知识分子，开设博学鸿儒科，他“以死自誓”，坚辞不应。后来地方官举荐他为“乡饮大宾”，他又坚决拒绝。“乡饮”是古代为庆祝丰收而举办的尊老敬老的宴乐活动，活动中要选一些德高望重、品行端正的长者为“乡饮宾”，他们与当地官吏一起主持乡饮活动。担任“乡饮大宾”者都是当地治家有方、敦亲睦族、有崇高社会威望的人士，人们都视选上乡饮大宾为巨大荣誉。可是，朱柏庐坚守民族气节，始终不应。

朱柏庐一生未仕，与王裒一样在家乡教授学生，他以程朱理学为本潜心治学，著有《愧讷集》《大学中庸讲义》《劝言》等著作。朱柏庐的事迹被收入《清史稿》“孝义传”中，名列第一，可见其品行在当时的重大影响。

要了解作为庶民百姓的朱柏庐的家风，我们不妨看看他撰写的这篇短短数百字的《治家格言》。为了方便读者了解，特将家训中较难理解的字词随文夹注。

黎明即起，洒扫庭除（厅堂院落），要内外整洁。既昏（天刚黑时）便息，关锁门户，必亲自检点（检查）。一粥一饭，当思来处不易；半丝半缕，恒念（常考虑）物力（能用的物资）维艰。宜未雨而绸缪（比喻事先准备）；勿临渴而掘井。自奉（自己日常生活的消费）必须俭约；宴客切勿流连（流连忘返）。器具质（质朴，朴实）而洁，瓦缶（一种大肚子小口的盛酒瓦器）胜金玉；饮食约（简约）而精，园蔬愈珍馐（珍奇贵重的食物）。勿营华屋（华丽的屋宇），勿谋良田。

三姑六婆（指从事不正当职业的妇女。三姑指尼姑、道姑、卦姑；六婆指牙婆、媒婆、师婆、虔婆、药婆、稳婆），实淫盗之媒；婢美妾娇，非闺房之福。奴仆勿用俊美；妻妾切忌艳妆。祖宗虽远，祭祀不可不诚；子孙虽愚，经书不可不读。居身（立身处世）务期质朴；教子要有义方（做人的道德）。

勿贪意外之财；勿饮过量之酒。与肩挑（小贩）贸易，毋占便宜；见贫苦亲邻，须加温恤（怜悯）。刻薄成家，理无久享；伦常乖舛（不顺遂），立见消亡。兄弟叔侄，需分多润寡（富有的周济贫穷的）；长幼内外（女子和男子），宜法肃辞严。听妇言，乖（背离，违背，不和谐）骨肉，岂是丈夫？重资财，薄父母，不成人子。嫁女择佳婿，毋索重聘；娶媳求淑女，勿计厚奁（丰厚的嫁妆）。

见富贵而生谄容（谄媚巴结的容态）者，最可耻；遇贫穷而作骄态者，贱莫甚。居家戒争讼，讼则终凶；处世戒多言，言多必失。勿恃（倚仗）势力，而凌逼孤寡；

毋贪口腹，而恣（肆意）杀牲禽（鸟兽）。

乖僻自是，悔误必多；颓惰（颓废懒惰）自甘，家道难成。狎昵（亲近而态度不庄重）恶少，久必受其累（连累）；屈志（谦卑恭敬地敬奉）老成（老练成熟，指年老有德），急则可相倚。轻听发言，安知非人之谮诉（说人坏话），当忍耐三思；因事相争，焉知非我之不是？须平心暗想。施惠（给人以恩惠）无念，受恩莫忘。凡事当留余地，得意不宜再往。

人有喜庆，不可生妒忌心；人有祸患，不可生喜幸心。善欲人见，不是真善；恶恐人知，便是大恶。见色而起淫心，报在妻女；匿怨（对人怀恨在心而不表现出来）而用暗箭，祸延子孙。家门和顺，虽饔飧（早餐和晚餐）不继（吃了上顿没下顿），亦有余欢；国课（国家征收的赋税）早完，即囊橐（口袋）无余，自得至乐。读书志在圣贤，非徒科第；为官心存君国，岂计身家？守分安命，顺时听天。为人若此，庶乎

（几乎，大概）近焉。

《治家格言》通篇虽了了五百余字，然而却言约义丰，字字珠玑，句句哲理！家训多以对仗工整的格言警句、琅琅上口的韵语，道出了许多为人处世、治家修身之道，内容几乎涵盖持家、慈孝、睦亲、修身、处世、励志、勉学、婚恋、为政、养生等各个方面。当然，《治家格言》中也有一些宣扬明哲保身、安分守己、因果报应的消极观念或唯心论思想，这些无疑是必须摒弃的。

《治家格言》言约义丰、易于记诵的特点一直得到人们的充分肯定。《清史稿·列传》评价朱柏庐："晚作《辍讲语》，又为《治家格言》，语平易而切至。"清代学者型官员陈宏谋在汇辑的《养正遗规》中评价说，《治家格言》"其言质，愚智胥能通晓；其事迩，贵贱皆可遵行"。乾隆时任礼部左侍郎的满族官员德保甚至将《治家格言》誉为"物理人情之朗鉴，昏衢黑夜之清灯"，他还将《治家格言》翻译成满文，作为教育八旗子弟的教材。据说康熙皇帝南巡时看到《治家格言》，便将该书与《三字经》等蒙学读物一起，作为皇子皇孙的必读启蒙教材。

作为“治家之经”的《治家格言》，表征了朱柏庐家族的优良家风。可以说，“这五百字家训家规，是朱氏家族数百年累世的总结。从迁居昆山的第一代朱子荣开始，至明初四世朱吉，学习圣贤，谨言慎行，做人表里如一；再到永乐时期的朱泰安、朱永安兄弟，清修苦节，并为乡里仪表；再到七世朱文、八世朱希周，皆成进士；十一世朱集璜于崇祯八年（公元 1635 年）因特恩贡给朝廷。朱集璜学习刻苦，为人清介，平易近人，一生以教书为业，弟子数百人，学行为乡里所重”。[①] 与朱柏庐同为十三世的同宗兄弟朱维宗与弟弟朱耀宗在昆山城被清军攻破时都投河自尽，朱维宗的过继儿子朱旦在清兵攻入城中后，手持长戈与清兵格斗直至战死。可见，《治家格言》所阐述的家训文化、所阐述的律己修身

---

① 刘绪义：《五百字成就好家风》，《中国纪检监察报》2017 年 5 月 8 日。

之道、所传扬的朱氏家风，是朱氏家族一贯的家风门声！

《治家格言》不仅是朱柏庐写的，更是他率先垂范、身体力行的。父亲去世时，朱柏庐才十八九岁，他勇敢地挑起了侍奉母亲、抚养弟妹的重任，生活稍有改善，又带领族人共同购置祭祀祖先的祭田与资助贫穷宗亲的义田。在家庭生活中他严以律己，俭约自持，表率家人。就连 70 岁生日时，他请亲戚朋友们吃饭也几乎都是素菜，他谢绝所有亲戚朋友送的生日贺礼，包括儿子、儿媳，也只让他们行礼即可。

在为人处世方面，朱柏庐同样律身谨严，胸怀宽广。他尊敬朋友，纵然意见相左，也仍然和颜悦色；与官吏豪绅打交道，他不卑不亢，不托私情。在教育学生成人成才上，他告诫弟子，欲做学问先要在做人上下功夫，要在性情品格等方面增加修养，“盖当以学问见己之过，不当以学问见人之过”。有学生学习虚浮，他就“反躬自责，语颇痛切”。[①] 临终前，他还叮嘱学生们：“学问在性命，事业在忠孝！”

朱柏庐的家训成为朱氏家族轨物范世的遵循，朱氏后人无不谨守《治家格言》，注重“由日用伦常上下功夫”。不仅如此，由于朱柏庐品行高洁、威望甚高，故带动了当地的民风向好。史书记载，“乡里争曲直，得用纯（按：朱柏庐字“用纯”）一言即解”。

虽然朱柏庐所处的时代早已远去，但其家训中的精神永远是鲜活的，弥久恒新的，不因时代变迁而失去其价值！

《治家格言》所倡导的优良家风，必将代代传承，永远泽被后人。

① 参见中央纪委监察部网络中心编：《中国家规》，中国方正出版社 2017 年版，第 217 页。

博学尚儒的闻喜裴氏家风

裴氏家族是中国历史上显赫的名门望族，享誉华夏的“宰相村”——山西省闻喜县裴柏村是他们的世居之地。裴氏家族自秦汉、魏晋，历六朝而盛，至隋唐而盛极，五代以后，余芳犹存。在这上下2000余年间，裴氏秉持重教、廉洁、尚德、孝友、勤俭、才学、仁爱、效国的家风传统，涌现出数以千计的圣哲贤德、英雄豪杰。据《裴氏人物著述》统计，裴氏历代有宰相65人、大将军69人、中书侍郎14人、尚书55人、侍郎44人、常侍11人、御史10人、专使25人、刺史211人、太守77人、皇后3人、太子妃4人、王妃2人、进士170人，其中文武状元6人、驸马21人，郡守以下各种官员不计其数。裴氏家族不独位显爵高，才华横溢者也比比皆是。其中，在政治、经济、军事、文化、学术等方面有影响有建树的，不下千余人，可谓是枝繁叶茂，各领风骚。即使裴氏中为数不少的一介平民，也能弘德惠人，名标青史。究其原因，与2000年来裴氏家族传承和积淀的优良家风，且对这种家风传统的高度认同不无关系。裴氏家族严守祖训，躬身践行，修身立德，明廉知耻，力争成有用之才、做有德之人。他们不仅以此律己，更以此激励和教育着裴氏家族后人修心正身、积极进取。

一、重教守训　博学尚儒

重视教育是裴氏家族保持门风不坠的重要因素。裴氏后裔皆以不读书为耻，“人不读书，马牛襟裾”（《河东裴氏家训》），认为人如果不读书，就和马牛一样不懂得礼节。裴氏家规规定：“子孙考不中秀才者，不准进入宗祠大门。”裴氏家族还把儒家思想作为家族教育的指导思想，要求裴氏子孙必须熟读儒家经典，积极践行孔子提出的道德规范。

裴氏子弟多从小就受到良好的教育，且多习儒学，谨遵“玉不琢，不成器；人不教，不知义”，少年勤学并知名者不在少数。裴秀小的时候乐于诵诗，勤奋好学，颇具儒雅风操，8 岁便能咏诗习文，初露锋芒。裴楷弱冠知名，尤精《老子》《易经》。裴松之 8 岁便学通《论语》《毛诗》，他博览群籍，三坟五典皆能触类旁通。裴邃 10 岁便能诵诗习文，尤喜好《左氏春秋》，以高才举秀才第。裴度自幼饱读经史、博览群书，能诗能文，才华横溢。裴谳之勤而好学，7 岁知名，他知识渊博，尤精通历代故事，仪、注、丧、礼，皆能裁正。裴潾自幼刻苦攻读，喜好书法，尤善隶书。此外，像裴颀、裴子野等诸多裴氏子弟都是少年勤学的典范，勤学、乐学的风气在裴氏家族内部绵延不绝。

裴氏子弟不仅勤学、乐学，对于学习还表现出非凡的毅力，具有很高的自我砥砺的精神，这在政治经济条件俱佳的大家族来说是难能可贵的。裴炎在弘文馆读书时，非常刻苦认真，每逢休假日，同学们皆三五成群地出去游玩享乐，唯独他一人守着宁静的教室，埋头攻读。岁末，有司欲举荐他，裴炎以学业未就婉言谢绝。裴炎前后在弘文馆服勤10年，精通《左氏春秋》《汉书》等经典文献。裴休在读书期间更是克勤克俭，食不甘味。裴休少时与哥哥裴俦、弟弟裴俅求学于济源别墅，裴休刻苦攻读，昼讲经籍、夜课诗赋，终年不出户。一次，有人送给他们兄弟一块鹿肉，裴俦、裴俅二人立即放下手中功课，争相煮食。他们催裴休去吃，裴休坐视不动，说："我等穷生，蔬食犹不足，今一啖肉，后何以继。"为了避免生出贪恋享受之心，独不食，两个兄弟大为惭愧，裴休也因此为人称颂。

裴氏一族把对子弟的教育培养作为整个家族义不容辞的责任，裴氏子弟不光考虑自己的成人、成才，还要考虑整个家族的发展和利益，"曰宗曰族，一脉相传"（《河东裴氏家训》）。裴氏家族不论男女都重视对子弟的教育。南朝裴子野出生后母亲病逝，其祖母殷氏"柔明有文义，以章句授之"。裴子野年轻时就任南齐武陵王左常侍，后编《宋略》。裴植的母亲夏侯氏管教子女以严著称，对子弟严于礼法，犯了错误决不姑息，“小有罪过，必束带伏阁，经五、三日乃引见之，督以严训”。裴让之的母亲辛氏在丈夫去世后，到处为他们兄弟6人邀请老师，有时候还亲自教授他们。在母亲的悉心教育下，他们个个勤奋好学，精通诗文，富有才情，在事业上均取得了很大的成就。在封建社会里，一个女子能把6个孩子培养成名人，即使在今天也非易事。裴之高有一个弟弟叫裴之横，年轻时尚气爱侠，不事产业，纵诞无度，裴之高为了让他成才，用激将法使其奋发图强，终于成才，受到皇帝重用。其实，裴之横即使不努力，依靠家族的力量一样可以过着富足的生活，裴之高之所以激励他成才，就是从家族的长远发展来考虑的。

正是秉承这种勤学、乐学、苦学的家风，才使得裴氏“将相蝉联出，公侯奕叶长”。今天的裴氏后裔仍以德馨为荣、以不读书为耻，保留着重视教育的传统。裴柏村特有的“挂旗”风俗，也一直保留着。谁家的孩子出生，孩子的姥姥家要给孩子挂旗。所谓“挂旗”，就是将写有“济世栋梁”“自强不息”“建国英才”等话语的红绸布挂在大门楼中间，并将书写用的毛笔、砚台一并奉送，最后在大门两边栽种竹子，寓意孩子长大成人以后，成为有才、有德之人。裴柏村几乎家家门楼上都有“耕读传家”的大字，村子里最好的建筑，就是投资 100 多万元建造的学校。建校的时候，村民们踊跃参与，自发捐款近 20 万元。“传子一经，金玉薄之”（《河东裴氏家训》），裴氏家族没有为子孙后代留下深宅大院和万贯家财，而是留下了重教守训、博学尚儒的家风传承，这才是真正弥足珍贵的财富。

二、孝悌传家　家族和睦

孝悌是维护家族凝聚力最为重要的家庭伦理规范。裴氏作为世家大族，尤为重视孝悌传家。在裴氏人物传记中，关于孝悌之风的记载俯拾皆是，不胜枚举。也正是因为孝悌之风不坠，才保证了裴氏家族内部的团结，使家族虽然历经迁播、多逢事变，但仍然枝繁叶茂。

裴子野9岁的时候，祖母去世，裴子野哀恸泣血，家人大为诧异。为官后其父生病，遂去官回家，侍奉父亲。其父病重，经年卧床不起，裴子野认真服侍，不离左右，还常常跪拜在神像前，虔诚地为父祈祷。又相传其父亲死后，裴子野哭丧，墓边的草也因哀恸而枯死，白鸠也成群结队哀鸣着在墓地上空低低地盘旋。

裴让之16岁时父亲去世，他几乎不能承受失去父亲的悲哀。他的母亲辛氏流着泪安慰他说："因为哀伤过度而抛弃我并且失去生命，能够是一个孝顺的人吗？"裴让之考虑到母亲尚在，才渐渐止住悲痛之情。

裴敬彝少聪敏，性端谨，喜读书，为宗族所重，号为"甘露顶"。年14岁时，其父被部下诬告，裴敬彝向当时的河北巡察使唐临为父申冤。唐临十分惊奇，命令他试作一篇词赋，赋写得很精美。在其父的罪得到豁免后，唐临上奏将裴敬彝推荐到朝廷，补任陈王府典签。其父暴卒时，他正在长安，突然感到心悸不安而又疼得厉害，于是请急假，兼程而归，可到家时父亲已经去世，他哀伤不已，人也很快消瘦下来。父亲死后他更加孝顺母亲。乾封初，裴敬彝任监察御史。当时，他母亲病重，医生许仁则有足疾不能乘马，他每次都用轿子把许仁则抬来给母亲看病。他兄弟8人都以孝悌著名，世人称作“义门裴氏”。

裴延儁自幼丧母，但他侍奉后母如同亲母一般，被左邻右舍传为佳话。他的家族后人裴叔卿，博览群书，以孝敬父母知名，时人号曰“裴曾子”。曾子，名参，是孔门大弟子，也是《二十四孝》中的大孝子。乡亲们把裴叔卿呼为“裴曾子”，是对他的孝行的最大肯定，也是对裴氏家族家教门风的肯定。

“生事死葬，祭祀礼存。”(《河东裴氏家训》)裴氏子弟对已故亲人的真情，可谓感人至深，无论是哀痛还是自勉，都是从孝敬父母的角度出发来处理感情的。父母死后，长兄又多承担起照顾年幼的弟弟、妹妹的责任，对他们尽心尽力。有兄弟早亡者，他们还承担起培育子侄的任务。“世间难得，莫如兄弟。连气分形，友恭以

礼。同心同德，团结一体。”（《河东裴氏家训》）

裴修的弟弟裴务早丧，裴修“爱育孤侄，同于己子”，在侄子成人后，还把自己的奴婢、田宅全部送给侄子，毫无半点私心，受到人们称赞。

裴宽父母早逝，作为长子，他独立挑起家庭的重担，使兄弟几人和睦相处。裴宽一家和睦，在东京洛阳立第同居，八院相对，可以说是盛极一时。荥阳郑孝穆非常欣赏裴宽的为人，他曾对其从弟说：“裴长宽兄弟，天伦笃睦，人之师表。吾爱之重之。汝可与之游处。”

裴文举在其弟裴玑早亡后，养育、关爱弟弟的孩子，甚至超过了对自己的孩子。不仅如此，裴文举叔父裴季和“卒于闻喜川”，叔母韦氏“卒于正平县”，两人东西分隔，裴文举在职期间还将叔父母合葬，感动世人。

裴氏家族这种孝友之风维持了大家庭内部的团结，使得家族成员之间互敬互爱、互帮互助，形成家族一直兴盛不衰的合力。

三、居家简素　为政清廉

裴氏家族历来崇尚勤俭家风，“勤能补拙，俭以养廉”（《河东裴氏家训》），认为家庭殷实、国家富裕，无不把勤俭放在重要位置。裴氏家族在生活上克勤克俭，为政上廉政爱民。裴氏家族长时间活跃于政治舞台，家世简素、为政清廉是家族成员能避免政治动荡时期的各种不利因素而长期兴盛的重要原因。裴氏家规中有严苛的规定：“凡贪官污吏，死后均不得葬入祖坟。”裴氏家族大部分为官者虽然位居高位，但仍然过着清贫的日子。这些人完全有条件改善自己的生活，但他们虑及在改善生活条件的同时也可能滋生贪欲，故而都恪守家训，克制欲望，保持清廉。

曾任尚书令的裴潜，为官清正廉洁，光明磊落。与封建官僚动辄儿女妻妾、大轿小轿络绎不绝的奢靡行为不同，裴潜不论何处任职，从不携带家眷，以至于“妻子贫乏，织藜芘以自供”。

一位高官的妻子贫乏到只能靠纺织糊口，可想裴潜的生活俭朴到何种程度。据载，他为兖州刺史时，曾做过一张胡床（用胡人进贡的木料做成的床），在他离任时，又将它留了下来，甚至就连其父留于他们弟兄几个在京师出入行走的薄畚车及田舍也多方削减，他本人亦常以步当车。在弥留之际，他嘱托家人在其死后不要靡费，一切从简。在他的墓中“惟置一坐，瓦器数枚”，别无他物，这与当时的厚葬之风形成了鲜明的对比。

北朝时期的裴佗，生性俭朴，他家屋子不足30步，没有一般富贵人家都有的田园楼阁，“暑不张盖，寒不衣裘”。永安二年（公元529年）卒，生前遗令死后不要朝廷赠谥，不得接受别人礼金，嘱其诸子皆遵照执行。

北周时期的裴侠，在任河北郡守时，身体力行，廉洁清正，爱民如子，其所食与平民百姓相差无几，全郡吏民无不称戴。按河北郡旧制，有渔猎能手30人专为郡守游玩生活服务，裴侠对此很不满意，认为为了自己的口味而劳民伤财，实在太不应该，因此自他始永远地废除了这一惯例。另外，按规定还有30人专供郡守役使，裴侠也不敢私用，而是让他们都去饲养马匹，致使积马成群，造福于郡里。裴侠去职之日，也是一无所取。实际上按照当时的规定，这些收入完全可以归自己所有。郡民十分为之感动，以歌送之："肥鲜不食，丁庸不取，裴公贞惠，为世规矩。"魏文帝曾让裴侠单独站在一边，对其他牧守说："裴侠清正廉明、谨慎奉公，在这方面他是天下第一。你们中间如果有人自认和裴侠一样，可以过去和他站在一起。"众人面面相觑，无人敢为，自此，满朝文武尊称裴侠为"独立使君"。裴侠还著有《贞侯潜传》，叙述裴氏的廉洁之风，教育后代以裴潜为典范。有人对他为官一世却要如此清苦表示不解，裴侠向他们解释说："我裴姓是大宗，历来闻名于世，活着见称于朝廷，死后留芳于典策。我约束自己，为的是不辱没祖先。"

唐代裴炎一生廉朴，勤俭持家。在查抄他家时，堂堂宰相之家，竟连一担粮食也找不到，查抄之人莫不怜之、敬之，更为他的屈死而扼腕叹息。

裴昭明任长沙郡丞，罢任时，因为清廉，官职又低，俸禄又少，连回家的路费都不充足，所以刺史王蕴建议他“本地人士中如有借此给你送路费的机会给你送礼，而请求你日后帮忙求官职的，你不要拒绝”，但裴昭明对官场中常见的人情往来仍是一律拒绝。他认为，子孙如果不才，积累再多的钱财也会被散尽，“若能自立，则不如一经”。为子孙聚财产还不如为他们提供良好的教育，因此终身不治产业。

宰相裴坦为人清廉俭约，恪守家法。他的儿子娶杨收之女，杨家的嫁妆宏丽豪华。他见了十分气愤，命人立即撤去，并严正地指出：“不要乱了我的家法。”可见，裴氏家族遵守简素家规之严格。

无私者无畏。正是有了生活简素、为政清廉的基础，裴氏子弟为官者都刚正不阿，不惧权贵，执法为公，奋不顾身地同扰乱朝纲、结党营私的行径作斗争。他们文有治国安邦的政界重臣，武有讨逆平叛的军事将领，都以体恤民情、关爱百姓、品行高洁、正直无私、效忠朝廷、担当国事为荣光。

家风教化玉汝于成。两千年来，在中国历史的许多关节点，在中国社会的许多领域，都闪耀过裴氏子弟的光辉。作为中国历史上少有的世家巨族，裴氏子弟以其道德文章铺就了一条壮观的生命之路，也让一部中国家训史因为他们而熠熠生辉。延绵千年的裴氏家风，浸润着中国传统文化的深奥与滋养，蕴含着先人哲思的朴素与厚重，对今天的家风建设仍然具有重要的启示和借鉴意义，也定将鞭策和教育一代又一代后人沿着前人开辟的成功之路阔步向前。

崇学向善的望江何氏家风

“天下三分明月夜，二分无赖是扬州。”著名唐代诗人徐凝的这首《忆扬州》，让扬州这座历史文化名城历来为世人所向往。而位于扬州徐凝门街，有“天下第一园”美誉的晚清名园——何园，更是游人观光的胜地。扬州何园主人望江何氏，是凭借几代人艰苦奋斗而显达起来的新贵家族。何氏家族精英满门，出现了“祖孙翰林”“兄弟博士”“父女画家”“姐弟院士”等众多有出息的儿孙。这与其奉行的一套严格完善的家训，重视对家族成员道德操守的自律教育密不可分。刊刻在《何氏族谱》中的“家训”十一则，详尽规范了家族成员的修身处世、待人接物之道，不失为一部循循善诱的家庭教科书，凸显着一个封建家族的文化渊源、道德理想与生存智慧，也让何氏家族的优秀家风得以代代传承。

一、崇学重教、书香传家的向学之风

何氏家族从何维键（表字芷舠）父亲何俊这一辈，兴起于科举、发达于翰林，也留下了崇学重教、书香传家的家风。与许多由科举及第而走向发达的家族一样，何氏家族也尤其重视对子女的教育。《何氏家训》中第五条“读书写字之规”，是家训中最长的一则，用一千多字详尽论述了读书治学之道。强调一个人读书学习能否有成，首先要看他对学问是否“敬”。“敬重经书、爱惜纸笔，洁净几案、整肃身心，开卷如亲对圣贤……”（《何氏家训》）认为能不能从主观态度上崇尚学识、热爱学问、想学要学是学好的关键。其次要看他能不能“习”。“读书以百遍为度，务要反复熟嚼，方使味出”（《何氏家训》），将所学的内容反复咀嚼、烂熟于心，才能悟出书中三味。“如未精熟，再加百遍可也，仍要时时温习。”（《何氏家训》）再次要看他会不会“思”。“学问之功全在讲贯。而讲习之要，必须讲后自己细看，着意研究，潜思默究；逐句䌷绎，逐章理会；方才得其旨趣”（《何氏家训》）。对待学问要参明义理，融会贯通。在何家，族中子弟们到了十三四岁时，就会请一个博学的老先生给子弟讲儒学，女孩子也可以上学，这在传统的封建家庭中是不多见的。何家对其子女的教育也无疑做得非常成功，这个家族先后出过：

“祖孙翰林”——园主何维键之父何俊，道光朝进士入翰林院，官至江苏布政使；何维键长子何声灏，光绪朝进士入翰林院，官至军机处章京。

“兄弟博士”——何维键孙何世桢、何世枚，都赴美国留学，获得密歇根大学法学博士学位，回国后遵循祖父遗愿，于1924年一同创办了上海私立持志大学。

“父女画家”——何维键孙何适斋、曾孙女何怡如都是画家，颇有名气。国画大师黄宾虹、张大千曾在上海发起何氏父女书画展。

“姐弟院士”——何维键曾外孙女王承书，气体动力学和铀同位素分离专家，中国科学院数学物理学学部委员（院士），为新中国第一颗原子弹装料工作作出了重要贡献；何维键曾孙何祚庥，是理论物理学家、中国科学院院士。

难能可贵的是，何氏家族还曾对“学而优则仕”“万般皆下品，唯有读书高”等提出了不同的主张，要求家族中的每个人都做到实事求是、量力而行；能读书的安心读书，不一定非要做了官才有出息；不能读书的就安心生活，不一定非要读书才算有见识；主张人生不只有读书做官一条路，对子女要因材施教、因势利导，鼓励子女走自己愿走、能走的路。

何氏家族注重子女的教育，还体现在其尊重老师、择善交友的规训上。其家训提出“学问之功，与贤于己者处，常自以为不足，则日益”，特别强调良师益友对个人成长的重要作用。著名画家黄宾虹是何维键长媳的族叔，他 28 岁时初到扬州，受到何维键的热情接待和器重，就被安置在何园的骑马楼。何维键平生喜欢收藏鉴赏字画，他不但倾囊拿出自己所收藏的所有历代名人字画供黄宾虹习摹，还带他到其他书画收藏鉴赏家处观摩交流，时常就各自的藏品，或论笔法，或论墨法，或论章法，或论气韵，各抒己见，黄宾虹听了深受启发。黄宾虹也因此与何氏四代人因书画缘间有来往，长达60余年。后来，也是这位蜚声画坛的黄宾虹成了何维键孙子何世斋和曾孙女何怡如这对父女画家的提携人。

更让我们感到惊喜的是，何氏家族对子女的教育从其在母亲腹中便开始了。《何氏家训》在“鞠育教养之规”中明确规定：“凡妇人妊子，寝不侧，坐不边，立不跸，不食邪味，割不正不食，席不正不坐，目不视邪色，耳不听淫声”；“凡产子，须是为母者自哺，不可委之乳母”；“女子初生，三朝、满月，慎勿置酒张筵，多害生命”。家训规定，给子女取名，“但只以名理学之字，使之顾名思义可也”。强调女人怀孕后要注重胎教，规范自己的言行；孩子一定要母乳喂养才健康、安全；诞生庆典不能大办酒席，铺张浪费；给孩子取名不违常规，注重意义。何氏家族对胎教、母乳喂养、反对排场、注重孩子取名的意义等方面的观点和主张，对于今天的很多父母仍有积极的借鉴意义。

何氏家族还力尽所能为国家培养人才，捐资兴学成为何家的传统。何维键热衷教育，曾“先后两次捐学田 676 亩，供家乡襄办教育之用”(《望江县志》)。他的父亲何俊也很重视教育，乐施善举，调任广西桂林知府时，“道经里门，曾捐资重修县儒学两庑。同年又捐学田 143 亩，为家乡培育人才”（《望江县志》)。何世桢、何世枚兄弟秉承祖父办学兴教的遗愿，于 1924 年 12 月在上海创办了持志大学。这所大学在民族存亡续绝的年代中度过了 15 个春秋，伴随着民族自救的巨浪，培育了一大批杰出人才。如联合国国际法院大法官倪征噢、国际科学史研究院院士胡道静、上海图书馆馆长顾廷龙、上影名导演舒适等。该大学对贫寒子弟免其学费，又特设望江县免费额以资家乡学子前来就学。

二、崇仁向善、践行道德自律的处世之风

何氏家族重人伦、尚勤俭、兴家业，以诚敬

心待人、以公正心办事，时刻教导家族子弟崇仁向善，把每一项要求都落实到日常生活的行为规范中，明示良好行为让后人知晓进而遵行效仿。

《孝经》言：“夫孝，德之本也，教之所由生也。”孝道是道德的源头根本，何氏家族也十分重视以孝传家。“孝敬亲长之规”被列为《何氏家训》第一条，除强调“孝顺父母、尊敬长上，乃百行之首、万善之源”外，更针对当时“以能养为孝”的流行观念，提出“殊不知孝之道，岂养之一事所能尽哉？”规定“要深爱婉容而承颜顺志”，发自内心敬爱父母，在日常生活中“顺亲”，让父母开心愉悦，否则“虽日用三牲之养，犹为不孝也”。认为精神赡养比物质赡养更重要更难得，这点极具现代价值，值得今人传承践行。现代社会很多父母不缺经济保障，但精神孤独现象较为普遍，“常回家看看”已成为现代父母对子女最殷切的期盼。

何氏家族以勤俭为成家之本。男子以治生为急，“逐日所用，亦宜节省，量入为出，以适其宜”；妇人皆要“不事浮华，惟甘洁雅”（《何氏家训》)。男戒骄奢，女戒浮华，同心勤俭持家，保家道兴旺。何维键从同治六年（公元1867年）初署湖北武昌盐法道，至以后15年间，一直是李鸿章的大哥李翰章的属下。何维键之所以能得李翰章的关照和提携，除其精明能干、能识大局之外，也与李翰章初至湖北时，在何维键家中看见他们年轻夫妇生活俭朴不无关系。在饮食服御上，何氏家族一直树立节俭砺志、朴素养德的家族风尚，这也是追求物质享受臻于极致的现代人应该学习的榜样。

在中国这个极重人际关系的礼仪之邦，待人接物是大家族成员的必修课。何氏家族在待人接物上讲究诚敬，“若待尊长必须言温而貌恭、情亲而意洽”，“待卑幼又在自敬”，“待君子之敬根于心”；“待小人则不然，外若敬而内则疏、包容退让”（《何氏家训》)。认为诚敬待尊者、长者，是本分；诚敬待晚辈，是自重；诚敬待君子，是真心实意；诚敬待小人，是少惹麻烦。

做人做事，一定要“不欺心”。心存公正，严格自律，不贪图小利损人利己。在修养品德上也同样要做到“正心不欺”，“人可欺而心不可欺，心可欺而天不可欺”（《何氏家训》）。何维键在汉口当道台的时候，在汉阳和武昌之间隔了一个大江，没有桥梁，两地之间只能靠小舟子摆渡来运送货物，很不适应当时的经济形势。当时，何维键就提出要设官渡，谁知这一提法遭到了官场上同僚们的反对，唯恐影响小舟子生路而激起哗变。何维键的儿子在学堂里面听到了人家议论的风声，回家就跟母亲说：“外面这个风声很不利啊！”何维键的夫人就对她儿子讲了一段话：“你办一件事情要是成功以后，人家肯定是向你祝贺的。但是你要想办一件大事、难事，在一开始的时候，就要得到人家的全力支持，这是很难的。怎么样，你害怕了？你应该像你父亲那样，他是要说到做到的。”儿子听了点头说：“哦，我明白了。”在20世纪50年代武汉第一座长江大桥诞生以前，两岸往来的主要交通工具，就是何维键倡议的官办渡轮。

三、出处进退、立业建功的爱国之风

与一般封建家庭中秉持“学而优则仕”的理念不同，何氏家族认为读书是为了求知益智、修身养性，应将功名富贵置之度外，时时参悟做人的道理。在家庭里以身作则，亲善和睦；在社会上主持公道，伸张正义。这样的读书人，即使没有做官，也是一个成功的人。一个人能否实现雄图大志，除个人才干外，还要有机遇和条件，不能光想着出人头地而不面对现实，要正确对待理想与现实的关系，当行则行，当止则止。家训告诫子弟知出知处、知进知退，弘扬“达则兼济天下，穷则独善其身”的家国情怀与正直气节。

何维键“挂冠归隐”恰是何氏家族崇尚“出处进退”之规的写照。据《何氏大同总谱》和《何氏族谱》记载，其父何俊由于在江苏布政使任上政绩突出，清廷在给予正一品封典时，其前三代均诰赠或晋赠光禄大夫、江苏布政使加三级。何维键可以说是一个名副其实的“官二代”，20多岁便步入仕途，两次代理湖北的盐法道、补任督粮道、主办军需局，所做的官多半跟盐、粮有关，都是当时所谓的“肥缺”。后担任湖北按察使不久，又接任汉口、黄冈、德安三地道台，同时兼任江汉关监督，成为清廷的一名洋务官员。鉴于他的才干和贡献，朝廷赏他正一品封典，诰授资政大夫，晋升光禄大夫。而让人意外的是，做官做到如此春风得意、名禄双收的何维键，却在光绪九年（公元1883年）时值49岁年富力强时急流勇退，辞去官职回到扬州，过起了散淡闲人的隐居生活，个中缘由或许与他所处的历史状况和爱国自强之抱负难以兑现有关。

何维键在汉口任职时，属下江夏县县令为人正直，因为某件事触怒了某国领事，这位领事官自恃自己国家国力强盛，欺凌清政府软弱无能，竟气势汹汹地要求何维键罢免此县令。被何维键拒绝后，领事向上级官府告状，结果上级官员在犹豫后，竟然要道台衙署照办。为此何维键上谏道：“罢一令易易耳，异时，不肖者脱假外以自固，如主权何?”严厉抵制了辱权丧志的卑劣行径，使江夏县令免予被罢免。还有一次，海关查出汉口一个奸商勾结英国人，假冒英国人的名义逃避征税，被海关调验原簿，查证核实后，奸商竟抬出英国人当挡箭牌。何维键为维护海关权益，果断发布告示驱逐英国后台老板出境。何维键一面为维护国家主权和尊严，与洋人和清政府抗衡；一面痛感晚清政府昏聩无能，附庸列强，使自己一腔爱国自强热血报国无门，反而身家性命难保。又念及母亲年事已高，所以在做官的最佳年龄49岁时归隐扬州。归隐扬州后，他购得吴氏片石山房旧址，后扩建为园林，取陶渊明《归去来兮辞》中的“倚南窗以寄傲”“登东皋以舒啸”之意，题名为“寄啸山庄”，俗称“何园”。

20世纪初，《辛丑条约》的签订，惊醒了所有有志于救国的知识分子和仁人志士，面对内忧外患的时代危机，年逾66岁的何维键又携家眷移居上海，开始走上振兴家业、救国利民之路。何维键治家秉持儒家伦理道德，但并不拒斥西方文明教育思想。因而其子孙辈或从商，或从政，或从文，还有不少选择负笈海外，学习理工科学，期冀有朝一日以自己的一技之长报效祖国。

自清代何维键在官任上为维护国家尊严，拒绝外国领事无理要求起始，儿孙辈何声灏、何世模、何世桢等，都积极支持孙中山先生领导的民主主义革命，为抗战救国作出过贡献。1937 年 8 月 13 日，上海响起抗战炮声，随后扬州也掀起了抗日救亡运动的热潮。何园的上上下下、老老小小也都投入到这场全民救亡运动之中，不但大人捐了款，所有在扬州上学的小孩，也都在学校参加了募捐。何园里住满了被收留的伤兵。天气渐冷，政府号召大家捐献棉衣，何家的女子们也都行动起来，忙着裁剪缝制棉背心；还有的学救护，学发电报。

苏州沦陷后，扬州气氛也紧张起来，何声灏知道自己作为前清翰林，以何家在扬州的名望，日本人一定会拉他出来担任“维持会长”之类的汉奸职务，于是举家坐船去了汉口。何世桢是上海响应“五四运动”的组织领导者之一，曾任孙中山先生的法律顾问。“八一三”淞沪抗战打了3个月后，国民党军队奉命西撤，要求各大公司、企业、学校也撤往大西南，持志大学当时选择留在了上海。由于何世桢的社会名望很高，汪精卫在组建伪府时，千方百计地拉他下水。汪伪国民政府一面散布何世桢将出任汪政府要职的谣言，一面派暴徒捣毁持志大学，并绑架了何世桢年仅4岁的爱子何祚昆达53天，以此要挟他屈从。但何世桢为了保持民族气节，毅然宣布持志大学及附中停办，决不做汉奸。何维键曾孙“祚”字辈中，先后有6人参加中共地下党，4人参加中国人民解放军，投身革命事业。

这个封建大家族的后代，两位新中国的科学精英姐弟院士王承书和何祚庥，也都在自己的岗位上为国家的发展作出了突出贡献。何维键的曾外孙女儿王承书，参与了中国爆炸的第一个原子弹的整个研究工程，并在其中起到了关键作用。王承书是中国科学界的一位女杰，中国科学院院士、工程物理学家、我国核同位素分离科学的学术奠基人。新中国成立后，她放弃美国的优越生活条件，毅然选择回国。回国后，她以十倍的精力、百倍的热情拼命工作，把自己的全部智慧和力量奉献给祖国。20 世纪 60 年代初，苏联撤走专家，中国第一个分离铀同位素用的气体扩散工厂面临严峻形势，王承书以国家利益为重，毅然接受自己从未搞过的铀同位素分离工作。从此，王承书的名字在中国物理界悄然无声地消失了，她与吴征铠、钱皋韵一起，开始了她后半生的默默工作，为我国的核事业作出了杰出贡献。

何家另一位科学精英是物理学家、中科院院士何祚庥。这对表姐弟身上那种执着于理想、独立不欹的精神风骨，正是何氏家风一脉相承的具体体现。何氏家族成员都以自己的实际行动践行着《何氏家训》中“范仲淹以秀才而怀天下之忧，君子称为分内事”和“不出则寥寥无闻，一出则立业建功”等条规，诠释了儒家“修身、齐家、治国、平天下”的主张。

何园的美，不光美在造园之妙，美在琴棋书画、树木芳华，更美在其家风文化。何氏家风影响着一代又一代何氏子孙，他们演绎精彩人生，他们胸怀家国天下，他们诠释着与时俱进的时代精神。正是这样的家族文化和良好家风，让何园成为一首悠扬的乐曲，成为一部厚重的史书，成为一幅绚丽的画作，更成为何氏后人的精神家园。

图书在版编目（CIP）数据

中国古代家风范例/陈延斌，杨威编 .—北京：中国方正出版社，2023. 3

ISBN 978-7-5174-1161-1

Ⅰ. ①中… Ⅱ. ①陈…②杨… Ⅲ. ①家庭道德-中国-古代 Ⅳ. ①B823. 1

中国国家版本馆 CIP 数据核字（2023）第 024381 号

中国古代家风范例

陈延斌 杨 威 编

责任编辑：陈金华 张晓双

责任校对：周志娟

出版发行：中国方正出版社

（北京市西城区广安门南街甲 2 号 邮编：100053）

发行部：（010）66560936 门市部：（010）66562733

编辑部：（010）59594609 印制部：（010）59594625

网址：www. lianzheng. com. cn

责编 E-mail：cpicjh@ 126. com

经　　销：新华书店

印　　刷：北京中科印刷有限公司

开　　本：880×1230 毫米 1/32

印　　张：8. 5

字　　数：114 千字

版　　次：2023 年 3 月第 1 版 2024 年 6 月北京第 6 次印刷

ISBN 978-7-5174-1161-1 定价：35. 00 元